信頼と裏切りの哲学

永守伸年

慶應義塾大学出版会

信頼と裏切りの哲学　目次

序論　信頼の謎を掘り起こす

日常に隠された謎

信頼には謎めいた力がある。わたしたちを結びつけ、社会に秩序をもたらす。その力の一端は、もし信頼がなかったとしたら、と問いかけてみたらわかるかもしれない。

さまざまな信頼がさまざまに抱かれている。人間に対する信頼もあれば、組織、制度に向けられる信頼もあり、動物や機械に信頼を抱くこともある。それらの信頼がなかったとしたら、組織は崩れ、お金はただの紙切れになり、他人に背中を向けられず、差し出された食べ物も喉を通らない。政治や経済の仕組みが揺らぐだけでなく、個人の生活も、いっときの会話さえ立ちゆかなくなるだろう。そこまで想像して、わたしたちの社会生活が信頼の力に支えられていることに気づく。

もちろん、そのような想像をまじめにめぐらせる人はほとんどいない。信頼のことごとくが、誰からも奪われるなどということはこれまでなかったし、これからもありえないだろう。その欠落を想像することが難しいほどに、信頼はわたしたちの日常に食い込んでいる。それは当たり前のことで、口に出すまでもない。

　この当たり前に亀裂が入ることはある。裏切りである。ささいな行き違いであれ、致命的な一撃であれ、裏切りをまるで経験したことのない人はいない。誰もが裏切りの可能性に開かれており、裏切られたときにはその痛みのなかで日常がぐらつき、いつもどおりにはふるまえなくなる。浮気されて打ちひしがれる。ひそかに日記を読まれた形跡があれば、引き出しにしまいこみ鍵をかける。列車事故が報道されて、なんとなく一両目には乗りたくなくなる。そんなとき信頼の謎がよぎる。「裏切られるかもしれないのに、なぜ信頼したのだろう」。「どうしてあの人を信頼して疑わなかったのだろう」。これほど脆く、無根拠な信頼なるものに、自分の日常が、社会の秩序が支えられていることの謎である。

　裏切りの亀裂が塞がらず、奈落のように広がることもある。かつてアウシュヴィッツ、ブーヘンヴァルト、ベルゲン・ベルゼン強制収容所に送られた作家、ジャン・アメリーはこのような証言を残している。

> 警察で殴られると、人間の尊厳を失うものかどうか私は知らない。だが、次のことは自信をもって言える。最初の一撃ですでに何かを失うのだ。何かとは何であるか。差し当たり世界への信頼とよぶとしよう。まさにそれを失う。世界への信頼である。[01]

拷問は殴られるだけでは終わらなかった。拳銃を突きつけられ、手を縛られて宙吊りにされ、鞭で打たれる。吊り下げられ肩の関節が外れる音とともに、自分のまわりに広がる、それまでは親しみやすくなじんでいた世界に対する信頼が、一挙に消失する。「最初の一撃ですでに傷つき、拷問されるなかで崩れ去った世界への信頼というものを、もう二度と取りもどせない」[02]。アメリーは偶然、収容所を生き延びて、社会と呼ばれる人間の共同生活に帰還した。けれども彼には信頼が、信頼に支えられているこの社会そのものが、理解しがたい謎として迫ったのではないだろうか。

　これほどの裏切りを誰もが経験するわけではない。幸運にも信頼を失わないまま生きていく人のほうが多いかもしれない。そんな人の信頼はすぐさま砕けることはないだろう。信頼には回復力もそなわっていて、一度や二度の裏切りにはくじけない。しょうこりもなく新しいパートナーを探し、いつの間にか平気で列車の一両目に乗っている。日記を盗み見られたことも忘れてしまうかもしれない。こうして、信頼は日常の地盤に再び根を張りめぐらせる。その謎もまた日常に埋もれ、隠されることだろう。楽しく生きていくためには、足元をやたらと探りあてようとしてはいけない。思いがけず地盤が脆く、たしかな根拠を欠いていることに気づいたとしても、見ないふりをするほうがいい。

　本書が掘り起こそうとするのは、このようにして埋もれた信頼の謎である。謎は「どうすれば政治への信頼を取り戻すことができるか」とか、「初対面において何が信頼性を高めるのか」とか、「ワクチン不信をいかにして回避するか」といった問いにあるのではない。それは個々の信頼を高めるための技術的な問いであって、むしろ日常にあふれている。そうではなく、すでに信頼の力によって社会の秩序が成り立って「しまって」いるのはどうしてなのかという問い、「社会の根っこ」

にさかのぼる問いである。これはいつも意識されるわけではないが、誰にもどこかでよぎる問いではある。裏切り、裏切られることのある、すべての人に信頼の謎は開かれている。

　ひとたびこの問いにとらわれると、社会の成り立ちそのものが謎めいてくる。もし社会の秩序が神の命令や、自然法則、揺るぎのない意志にしたがっているなら、こんな謎には巻きこまれなかったかもしれない。それらはわたしたちを裏切ることなく、社会を支えるだけの堅固な地盤となるだろう。他方、信頼はどうか。人と人、あるいは人と人以外の何かによってかろうじて繋ぎとめられ、必ずしも思うままにならない相手、それも裏切られるかもしれない相手に対して価値あるものを委ねている。そんな関係によってこの社会が成り立っているとすればどうか。信頼の脆さ、根拠の乏しさを実感するほどに「社会の根っこ」はほどけ、まるで底なしの奈落の上で、危うい綱渡りをしているような心地になってくる。こうして、本書の問いが生まれる。

「どうして信頼が社会の秩序を支えることができるのだろうか」。

　これはつまり、人々を結びつけ、協力をもたらす信頼の力がどこからやってくるのかを説明しようとする試みである。そしてこの問いを発するとき、すぐさま次の問いがやってくる。

「そもそも、信頼とは何だろうか」。

　この問いに答えられる人がどれほどいるだろう。信頼という言葉の意味も、信頼と呼ばれる態度を解き明かそうとする分析方法も多様である。これまで経済学、社会学、心理学、政治学といった学問領域がそれぞれの関心にそくして信頼を定義しようとしてきたにもかかわらず、いまだ統一された見解は得られていない。信頼を考えるための見取り図すら十分に整えられていない[03]。それなのに、多くの人は日常会話でも、学術研究でも信頼について語ろうとする衝動を抑えられないでいる。信頼の根は社会生活のさまざまな方面に、そしてさまざまな階層に及んでいる。まずはその内容、その仕組みをできるだけ丁寧に点検しなければならない。あるものが「そもそも何か」を問いかけるのが哲学の（悪）癖であるとすれば、本書もその意味では哲学的な問いを構えることになる。

「それでもあなたのことを……」

こうして本書は二つの問いに取り組むことになる。一つは信頼の力についての問い、もう一つは信頼の内実についての問いである。これらの探究を通じて信頼の謎を解き明かすのが本書の目的となる。「序論」では、この目的に挑むための下準備をしておこう。

一つ目の問い、信頼の力に関しては、それを考える端緒としてうってつけの問題がある。「ジャン・バルジャン問題」とでも形容できる状況である。先ほどは裏切られる側について述べたが、今度は裏切る側にまわってみよう。あなたは銀の食器を盗むのでも、インサイダー取引をするのでも、友人の通話を盗み聞きするのでもいい、ともかく誰かの信頼を裏切ってしまった。ところが、裏切られたはずの相手は、それでもあなたを信頼することをやめない（と、仮定してほしい）。言葉で表現されることも、表情で示されることもあるだろう。そんなとき、あなたはどうするだろうか。

愚かなやつだと、もう一度、裏切りを食らわせるチャンスだと思うかもしれない。しかし、もしかすると、相手の信頼に応えたい、応えなければならないとも感じるのではないだろうか。これは信頼研究において「治療的な信頼」として知られる力の一側面である。ヴィクトル・ユーゴーの小説『レ・ミゼラブル』では、主人公、ジャン・バルジャンに銀の食器を盗まれたミリエル司教がそれでも彼の善性に対する信頼を伝えようとする。このとき司教はジャン・バルジャンと出会ったばかりで、彼が自分の信頼に応えるという証拠を握っていたわけではない。司教の信頼は根拠薄弱で、その点では危うい賭けをしているようにも見える。けれども信頼には、それをあえて伝えることで信頼に値する主体に「なる」よう相手を拘束する力がある。それは過去の証拠に基づくのではなく、未来に向けてみずからの期待を的中させようとする。

信頼される側の抱く欲求や、思いから独立して、何らかのふるまいに拘束する力。この拘束力をひとまず「規範」という言葉を用いて表現することにしよう。とすると、信頼の謎めいた力の一側面は、規範的な力にあると言えるかもしれない。

もちろん、これだけでは結論を導くだけの議論はなされていない。「ジャン・バルジャン問題」が示唆するのは信頼の謎に迫るための、一種の発想の転換に過ぎない。これまで、多くの信頼研究は何らかの規範をあらかじめ前提として、それによって信頼関係が結ばれると考えてきた。とくに強力なのは道徳的規範である。これは珍しい考え方ではなく、たとえばわたしの通った高校では「人に信頼される人になろう」という校訓をかかげていた。「そのために、まずは道徳的であれ」。むやみに人を疑うことも、裏切ることもなければ、人を信頼し、人に信頼される人になれる。たしかな信頼関係を築くことができる。しかし、この発想を転換すればどうだろう。道徳的規範によって信頼関係の成立を説明するのではなく、信頼関係によって道徳的規範の成立を説明するのである。実際『レ・ミゼラブル』のミリエル司教がジャン・バルジャンの生き方を変えたように、信頼はそれを示すことで相手のふるまいを方向づけるだけの力を発揮することがある。その力は「たとえ自己利益に反しても、裏切るな」という道徳的規範さえもたらすのではないだろうか。

これが、信頼の力をめぐる本書の見通しの一端である。もし信頼が「裏切るな」という規範をもたらすだけの力をそなえているなら、信頼することはそれほど不合理な態度ではないのかもしれない。そして信頼を抱き、それに応えることはおぼつかない綱渡りではなく、社会の秩序をその「根っこ」においてつくりあげる相互作用となりうるかもしれない。この見通しに示されるのは、見知らぬ他人同士さえ結びつけ、わたしたちを相互協力的なふるまいに促そうとする信頼の力である。

ターゲットを絞りこむ

とはいえ、これまで述べてきたのは信頼の一つの側面に過ぎない。「ジャン・バルジャン問題」では人と人との、それも対面的なやりとりの局面が問われていた。しかし、そればかりが信頼ではない。ここで本書の二つ目の問いに立ち戻ろう。そもそも、信頼とは何だろうか。

問いに取り組むために、さしあたっては信頼と呼ばれるものをなるべく多く含む包括的特徴を与えてみよう。それは「不確実な状況において抱かれる、相手に対する肯定的な期待」である。

この表現には、これまでの信頼研究においてゆるやかに共有されてきた信頼の構成要素が集約されている。(1) まず、当たり前のようだが、信頼には「相手」がいなければならない。自分自身であれ他人であれ、何らかの制度やシステムであれ、信頼にはその対象がある。(2) 仮にその相手がまったく自分の思いどおりになると確信できるなら、信頼はもとより必要とされない。[04] 言い換えれば、信頼は相手のふるまいに関して「不確実な状況」においてのみ問われる。[05] (3) この不確実な状況において、信頼を抱く側は何らかの「肯定的な期待」を抱く。信頼関係によってもたらされるものは望ましく、それに対して前向きな態度を取るという想定である。(4) そして、この態度には相手の「有能性」に対する期待も含まれる。相手が何ごとかをなすだろうと期待するには、少なくともそれが「できる」ことが期待されなければならない。[06]

しかし、これら(1)から(4)の要素に訴えるだけでは、「信頼とは何か」という問いに十分に答えたことにはならない。たとえば、信頼という言葉を含む次の文例を読んでみてほしい。

信頼概念の多義性

(a) 「少しも神に信頼していないじゃないか。やっぱり怒るじゃないか」。(夏目漱石『行人』)
(b) 「奇妙なことに思われるかもしれませんが、相手が敵であってもプロならばその行動原理に一定の信頼がおける」。(『攻殻機動隊 STAND ALONE COMPLEX』十九話)
(c) 「このコンピュータを信頼しますか?」(電子端末に表示されるメッセージ)
(d) 「三十歳以上は信頼するな」。(反戦運動のスローガン)
(e) 「日本政治の長年の課題の一つは、政治家や政党に対する国民の信頼の低さをどう克服するかです」。(『朝日新聞デジタル』二〇二二年八月十二日)

いずれの「信頼」も「不確実な状況において抱かれる、相手に対する肯定的な期待」ではある。

ただし、(a)の信頼は現在の日本語話者の感覚としては「信仰」という言葉の方がしっくりくるかもしれない。(b)は「予測」とも言い換えられるだろうか。とすると、「「信頼」はいかにして「信仰」や「予測」から区別されるのか」という疑問が浮かぶ。また(c)の信頼がコンピュータに宛てられる一方、(d)と(e)の信頼は人間に向けられている。後者においても(d)の信頼は善意や誠意のような相手の動機、(e)の信頼は「政治家」のような相手の社会的役割に関与する。ここから「「信頼」は一枚岩ではなく、いくつかの異なる種類の態度を含むのではないか」と考えることもできる。

このように、わずかな事例からも信頼の多義性は明らかだろう。日常的な言葉づかいだけでなく、専門的な研究方法もさまざまである。すでに述べたように、従来の研究は経済学、社会学、心理学、政治学といったそれぞれの学問領域の関心と方法にそくして信頼を探究しており、そのアプローチを一括りにすることはできない。この「ごった煮」のような研究状況に哲学者たちも「信頼とは何か」という問いをかかげて参入したものの、現在に至るまで明快な回答を提示することには成功していない。なんとなくわかっているつもりでも、それが何かと問われればうまく答えられないのが信頼なのである。

それでも、信頼の力を見定めるために、前もって「信頼とは何か」をできるだけ明確化しておきたい。たとえ厳密な定義を与えられないにせよ、ある程度はターゲットを絞りこむ必要がある。

範囲

まずは本書が検討対象とする信頼を「PはQを状況Cにおいて、Xに関して信頼する」という基本形式をそなえた態度として理解しよう。前述の信頼の構成要素を踏まえると、状況Cとは「不確実な状況」であり、「信頼する」態度は「相手に対する肯定的な期待」を意味している。

この基本形式において注目されるのは信頼の範囲である。どのような信頼であれ、それは「Xに関して」抱かれる。たとえば、わたしは「餃子のタネをきちんと包むことに関して」友人を信頼しているが、「焦がさずにおいしく焼くことに関して」は不信を抱いている。わたしの友人は「猫の遊び相手になることに関して」パートナーを信頼しているが、「猫の介護をすることに関して」は怪しんでいる。このように通常、信頼は一定の範囲に限られる。

範囲に限りのない信頼はありうるだろうか。それはPがQに全領域にわたる、全人格的な信頼を寄せることである。餃子をきちんと焼くことも、忍耐強く猫の介護をすることも、そのほかのあらゆることに関して信頼を寄せるとすれば、それは「信仰」という言葉のほうがふさわしいだろう。

対象

続いて、信頼の対象を考えよう。基本形式で言えば、PからXに関して信頼を寄せられるQのことである。本書は信頼の対象として人間を想定する。正確には、人間という種には必ずしも限定せず、何らかの仕方で考え、行為し、感じる「人間的な主体」に対する信頼を検討する。

人間的な主体にこだわる理由の一つは、本書が信頼と規範の関係を明らかにすることを目指すからである。規範にはいくつものタイプを想定することができるが、いずれもそれらをつくりあげたり、受け入れたり、逸脱したりすることのできる人間的な主体に関わる。そうした主体には一部の霊長類や自律的な機械、ほかの惑星の知的生命体なども含まれる可能性はあるが、何よりも人間が典型となるだろう[07]。

したがって、本書の検討からは無生物や自然現象に対する信頼だけでなく、企業や政府のような組織、さらには社会制度や工学システムに対する信頼も除外する（この点では、たとえばモートン・ドイッチやニクラス・ルーマンの信頼論よりもその射程は狭められている[08]）。ただし、これらの対象も人間的な主体との類比においては考察の余地がある。たとえば、交通インフラ企業に対する信頼や列車の運行システムに対する信頼を正面から扱うことはできないが、そうした組織や制度に関して、「安全第一」とか「定時運行」といった経営者（あるいは設計者）の意図を投影することができる限り、それらの意図に対する信頼を問うことはできる。また後述するように、組織や制度に所属する「企業人」や「専門職」も、人間的な主体である限りは本書の扱う信頼の対象となる。

脆さ

さらに、信頼の脆さに注目しよう。「PがQを状況Cにおいて、Xに関して信頼する」とき、PはことのなりゆきをXに直接にコントロールできるわけではない。Xに関する帰結を（部分的には）Qに委ねなければならない。たとえ信頼に規範的な力がそなわっているとしても、不確実な状況CにあってQがPの思いどおりにふるまうとは言い切れず、Pの信頼はどこまでもQによって裏切られるリスクを伴っている。しかも「約束」とは違って、Pは信頼を裏切られたとしてもその責任をQに負わせることができるとは限らない。それどころか「信頼したあなたのほうが愚かだった」と言われることさえある。したがって、信頼は「確信」や「約束」とは異なり、「賭け」に似たところがある。

ただ、裏切りといっても一様ではない。もう一度「信頼概念の多義性」として示した例文の一つ「奇妙なことに思われるかもしれませんが、相手が敵であってもプロならばその行動原理に一定の信頼がおける」に立ち戻ってみよう。この事例の信頼も裏切られるリスクを伴っているが、裏切られてもせいぜい「がっかりする」くらいで、深刻に傷つけられはしないだろう。プロフェッショナルな行動原理にしたがって敵の行為を予測したものの、その予測が外れただけのことである。

対して、信頼研究の多くは予測の失敗よりも深刻な裏切りがあると考えている。尊敬する偉人が差別的な言葉を書き残していたり、同僚が産業スパイだったことが発覚するときには、ただの驚きではなく、自分は傷つけられたという感情が呼び起こされるだろう。それは裏切られた人が相手の善意にせよ、自分の利益にせよ、その人にとって望ましいもの、価値あるものに信頼を寄せていたからである。本書もただの予測ではなく、価値あるものに対する信頼を考察することにしたい。

信頼をめぐる三つのアプローチ

こうして、本書の検討する信頼は(i)対象、(ii)範囲、(iii)脆さに関して限定された。(i)それは人間的な主体にさし向けられた、(ii)一定の範囲のふるまいに関する肯定的期待であり、(iii)不確実性をとどめ、裏切りのリスクを伴っている。

このことを前提として、もう少しだけ「肯定的期待」について検討しておこう。これまで、多くの研究は信頼を肯定的期待の一種として特徴づけるだけでなく、この期待の内容や、期待が成立するメカニズムを複数の角度から考察してきた。ここでは、代表的な立場として認知的、感情的、制度的アプローチの三つを取り上げ、それぞれの信頼の内容を整理しておきたい。

認知的アプローチ

まずは認知的なアプローチを見てみよう。これは、相手があることがらに関して信頼に値するという「信念」として信頼を理解しようとする立場である。

そうした信念はいかにして抱かれるのだろうか。ディエゴ・ガンベッタ、ジェームズ・コールマン、ラッセル・ハーディンといった研究者は利益のありかに注意を促す[09]。たとえば谷底に足を滑らせたPが、運よく頭上の登山道を通りかかったQを見出したとしよう。Qが危険をおかしてまで自分を助けるような人間であるかどうか、Pにはわからない。けれども、Pは自分を助けてくれれば謝礼を支払うと提案し、Qがそれを了承するなら、Pは「自分を助けてくれる」ことに関してQが信頼に値するという信念を抱くことができる。Pの認知は誤っているかもしれないが、それが正しいか間違っているか、あるいはどれほどの確率で正しいかを問うことには意味がある。

このように、相手が信頼に値するという信念としての信頼を「認知的信頼」と呼ぶことにしよう。認知的信頼は合理的選択理論の影響下にあって、個人的合理性に基づく意思決定から、いかに相互協力的な社会秩序がもたらされるのかを検討する社会科学の信頼研究において論じられてきた。

感情的アプローチ

他方、相手が信頼に値するという信念は信頼が成立する必要条件ではないという考え方もある。たとえば、谷底に落ちこんだPが「Qは自分を助けてくれることに関して信頼に値する」という信念を疑わしくする、あるいは反証する出来事を突きつけられるとしよう（Qが谷底のPから目を背けたとか、QがPの積年の恋のライバルであるとか）。しかし、わたしたちは「それでもQを信頼することをやめないP」を思い浮かべることができるのではないだろうか。場合によっては、Pは「ジャン・バルジャン問題」の司教のようにQに対する信頼をあからさまに示すことで、相手のふるまいを変えようとさえするかもしれない。このような想像の余地があるのは、根拠薄弱な状況においてなお、「それでもQはPが自分を頼っているという事実に動かされるだろう」といった楽観がPに抱かれうるからである。感情的な楽観によって成立する信頼を「感情的信頼」と呼ぶことにしよう。

このアプローチはアネット・バイアー、カレン・ジョーンズ、ベルント・ラーノといった哲学者によって提示され、長いあいだ影響力を持ってきた[10]。ジョーンズが注意するように、感情的信頼も相手の心的状態に対する認知を含んではいる（したがって感情的信頼は非認知的信頼ではない[11]）。ただ、それに加えて信頼する側の「楽観」の感情と、信頼される側の「善意」の感情を捉えなければ、信頼を説明するには不十分だと考えるのである。

制度的アプローチ

従来の信頼研究、とりわけ哲学的な研究において注目されてきたのは認知的ならびに感情的アプローチである。しかし、本書はさらに制度的なアプローチにも光をあててみたい。

先ほどの例で言えば、谷底のPがQに救援を呼びかけるとき、Qが有名な山岳ガイドであることに気づいたとしよう。この場合、PはQの自己利益や、Qの善意を頼りにすることもできるかもしれないが、それらをまったく意識しなくても、ただ「山岳ガイド」という制度の役割にそくしてQに信頼を抱くことができるのではないだろうか。「自分を助けてQにどれほどの利益があるのかわからない。Qが自分に善意を向けているのかどうかも感じとれない。でも、ともかく、Qは山岳ガイドなのだから助けてくれるだろう」。これが「制度的信頼」である。ただし、この期待も信頼である限りは不確実性に伴われる脆さを伴っていることに注意しよう。問われているのが信頼であるならば、Qが山岳ガイドとしてなすべきことを知りつつ、それをあえて遂行しないという可能性は排除できない。Pはそのリスクを受け入れた上で、それでもQが制度にそくして自分を助けてくれると賭けるほかない。

このように法律、慣習、エチケットといった制度に関するコミットメントによって信頼を捉えようとするアプローチは、オノラ・オニール、エイミー・ムリン、キャサリン・ホーリーといった哲学者によって模索されてきた[12]。社会制度のネットワークに信頼を位置づける試みである。

多層的な信頼

三つのアプローチはしばしば対立の構図において理解されてきた。認知的信頼の立場がモデルの簡明さ、説明力の高さを誇る一方[13]、それだけでは「信頼」と「予測」、あるいは「信頼」と「依拠」の区別がつけられないことを感情的信頼の提唱者は指摘する。[14] しかし制度的信頼の観点からは、感情的信頼の理論が対面的なやりとりに限定されることが批判されるだろう。[15] ここには論争の歴史がある。

ただ、これらの信頼は必ずしも排他的な関係を結んではいない。現実に結ばれる信頼関係のありようを思い浮かべれば、それが自他の利益、感情的状態、社会制度と多層的に関わっていることがわかるだろう（たとえば親子の結ぶ感情的に無垢に思われる信頼においてさえ、実は互いの利益や、家族という制度が多かれ少なかれ影響を与えているのではないだろうか）。利益を探り合いながら、感情を交わし、制度の規範を引き受ける。信頼と呼ばれるのはこのように多層的な態度であり、それはときに、信頼しているはずの当人さえ切り分けることが難しい。この意味で、三つのアプローチはそれぞれの理論的関心に基づき、信頼における特定の「層」を分析的に抽出したものだと考えられる。

本書は「信頼とは何か」という問いを探究するなかで、三つのアプローチがどのような関心に根ざしており、どれほどの説明力をそなえているのかを明らかにする。最終的には、信頼を認知、感情、制度といった異なる次元にまたがる、多元的かつ多層的な態度として提示したい。

ここに至って、はじめは途方もなく広く、曖昧だった信頼なるものが、それなりの輪郭をもって定められたのではないだろうか。一般に、信頼とは「不確実な状況における肯定的な期待」である。この定義を出発点として、さらに二段階の明確化をほどこしてきた。まず、本書が検討するのは(i)人間的な主体の、(ii)何らかのふるまいに関して抱かれる肯定的期待であり、(iii)裏切りの可能性に開かれているという脆さを持っている。加えて、この肯定的期待は一枚岩の態度ではなく、少なくとも認知的信頼、感情的信頼、制度的信頼の三層から成り立つ多層的態度として特徴づけられる。

本書の構成と特長

以上の分析を前提として、本論では「信頼の力」を見定めるための議論に踏み出す。第一章から第三章までは信頼をめぐる三つのアプローチを詳しく検討し、第四章ではそれらの成果を総動員して信頼の多層構造と、信頼関係の醸成過程を提示する。このような本書の探究に関して、その特長を三点述べておこう。

第一に、本書は信頼を考察するにあたって、現代の信頼研究だけでなく、過去の哲学者の思想、とりわけ社会契約論と呼ばれる近世ヨーロッパの思想的伝統を援用する。主として第一章ではホッブズの洞察を導きとして認知的信頼を、第二章ではヒュームの着想を基礎として感情的信頼を検討したい。その上で、第三章と第四章では、制度的信頼を論じるためにカントの思想にも踏みこむ。ホッブズ、ヒューム、ルソー、カントといった哲学者たちは必ずしも信頼を主題としていないにもかかわらず、そのテキストには「信頼の力」や「社会の根っこ」をめぐる豊かな手がかりが残されている。これらの手がかりを拾い集め、信頼を軸として社会契約論を読み直すところに本書の思想的な意義がある。

第二に、このように現代の学際的な信頼研究を横糸、近世ヨーロッパの思想史研究を縦糸とする本書の研究方法を通じて、信頼の態度には規範的な拘束力がそなわることが明らかにされる。前述のとおり、従来の研究の多くは法的、慣習的、あるいは道徳的な規範を前提として、そこから信頼関係がもたらされることを主張してきた。この発想に本書は再検討を加える。規範によって信頼関係が成立するだけでなく、その逆方向の道程、すなわち信頼関係によって規範が成立する可能性を探りたい。とりわけ第四章では、道徳的規範にしたがって行為する誘因が信頼の観点から与えられることになる。それは「信頼の力」をもって道徳の規範性を解明しようとする倫理学的な探究ともなるだろう。

第三に、本書は信頼だけでなく、裏切りと不信にも照明をあてる。信頼にはどこまでも裏切りの可能性が伴われており、それゆえ「信頼の力」の裏面には「裏切りの脅威」がある。「裏切られるかもしれないのに、どうして信頼を抱くことができるのだろうか」。この切実な問いに対する応答を、本書は第一章から第四章にかけて追究する。さらに本書の最終章、第五章では不信にも積極的な意義が見出される。現在、わたしたちが生きる社会はしばしば「不信の時代」とも形容されるが、不信は必ずしも避けられるべき悪徳ではない。不信は圧政、偏見、差別に抵抗するための拠点ともなりうるからである。本書は一方では信頼の分析を通じて「社会の根っこ」に迫りつつ、他方ではこの社会を生き延びるための、わたしたちの生の拠りどころとしての「不信の力」を示したい。

第一章　裏切りの誘惑に抗う
——認知的信頼

一六八〇年、現在の北米イリノイ州にあたる集落において「ファースト・コンタクト」が生じた。フランス人探検家の一行がネイティブ・アメリカンの人々と接触したのである。フランシス・パークマンの『ラ・サール伝』によれば、探検家たちは大胆にもイロコイ族の住居が並ぶ川岸にカヌーを寄せた。彼らに気づいたイロコイ族には動揺が広がる。子どもたちは悲鳴を、戦士たちは叫び声をあげた。探検家を率いるラ・サールは気安い、半端な友情の装いがかえって危険を招くことを心得ていて、カヌーのパドルを武器に持ち替えて異民族に歩み寄った。イロコイ族の人々は上陸者たちが何をするつもりなのか、臨戦態勢で見つめている。[01]

信頼はこのような接触において問われる。目の前の異邦人をはたして信頼するべきだろうか。

もちろん、日常にありふれた信頼もある。イロコイ族であれ探検家であれ、仲間同士に対する信頼は生活に浸透しており、あらためて信頼するべきかどうかを問うまでもない。気づけば、なんとなく信頼してしまっていることも少なくないだろう。けれども武器をもって睨み合う、張り詰めた状況では「なんとなく」信頼が抱かれることはない。文化習俗の異なる、素性のしれない武装集団を信頼するかどうかは死活問題となるからである。どちらの陣営にとっても、生き残るためにはしかるべき信頼と、しかるべき不信の均衡を取ることが求められる。もしあなたがイロコイ族の側にあれば、フランス人探検家から商取引を提案され、物腰柔らかに懇願されたとしても（「どうか信頼してください、あなたたちを悪いようにはしないから」）、その誘いにうかうかと乗ることはできないだろう。

「あなたたちのことを何も知らず、何もわからないのに、信頼することなどできない」。

そう答えるのではないだろうか。

この応答に、信頼をめぐる認知的アプローチのエッセンスがある。ふだんは苦もなく、それとなく抱かれていたはずの信頼が、ひとたび日常が破れると、裏切りのリスクを伴ってまざまざと意識される。ファースト・コンタクトのような状況では相手のことが「わからない」限り、信頼を抱くことはできない。相手のことが「わかる」ことではじめて踏み出される信頼がある。このようなタイプの信頼を「認知的信頼」と呼ぶことにしよう。それは信頼と呼ばれる多層的な態度を構成する一要素であり、信頼を考察するために避けて通ることはできない。

本章の目的は二つある。一つは「認知的信頼とは何か」を明らかにすること、もう一つは社会秩序をもたらす「認知的信頼の力」を見きわめ、その可能性と限界を示すことである。

1　認知的信頼とは何か

「賭け」に踏み出すとき

考察を始めるにあたって、「序論」で示された信頼の一般的特徴に立ち戻ろう。「不確実な状況において抱かれる、相手に対する肯定的な期待」である。この定義を出発点として、誰が、どのように信頼関係を結ぶのかを考える。

まず、「誰が」信頼関係を結ぶのだろうか。前述したように、本書では信頼する側も、信頼される側も「人間的な主体」に限定する。この表現で想定されているのは、お互いに合理的にふるまうことで社会を形成し、それを維持することのできる主体である。人間的な主体として人工知能や地球外生命体も排除されていないが、ひとまず人間を典型例として議論を進めよう。ハチやシロアリといった社会性昆虫、ボノボやチンパンジーといった類人猿も群れをなし、社会の一種を形成することはできる。ただし、これらの生物の行動の多くは遺伝的な基礎に支えられており、血縁関係を超えて大規模な協力関係を築くことは難しい。対して、わたしたち人間は見知らぬ他人とさえ協力して、合理的に社会を拡張することができる。

とはいえ、これだけの説明ではわたしたちが「合理的」であることの内容はよくわからない。それは他人とうまくやっていくということなのか。何かの役に立つということなのか。あるいは正しいことをなすということなのか。実のところ、合理性の概念にはさまざまな意味が含まれており、一つ一つを解きほぐさなければ議論を組み立てることはできない。

本章ではその第一歩として道具的な合理性を想定しよう。それは行為をその結果から評価する帰結主義的な合理性のモデルである。このモデルによれば、行為者は自分の目的とすることがらを実現するために最良の手段(=道具)を選び取る。選ばれた行為は、自分の目的とすることがらを実現するために望ましい手段である限り、行為者の自己利益にかなっている。自己利益という言葉づかいにはどこか独善的な、非協力的な響きもあるが、この言葉の意味を狭く捉えることはない。「家事をする」ことが目的なら、「同居人といっしょに皿を洗う」という行為が最良の手段として自己利益にかなうかもしれない(したがって、協力的な行為が当人の自己利益となることはありうる)。

こうした合理性の構想を取ると、次のように信頼の内容を絞りこむことができる。

認知的信頼の定義(1):不確実な状況において、道具的に合理的な行為者によって抱かれる、相手に対する肯定的な期待。

では、この定義において「不確実な状況」とはどのような状況だろう。それは信頼する側にとって利益だけでなく、不利益をこうむるリスクも見込まれる状況である。ファースト・コンタクトの事例にそくして説明しよう。イロコイ族もフランス人探検家も、道具的に合理的であると前提する。両者は自分の目的とすることがらを実現する最良の手段を選び取るために、次のような考えをめぐらせるだろう。信頼関係を結ぶことによって相手と商取引を継続することができれば、何もしないでいるよりも大きな利益が見込まれる。しかし、相手に裏切られたときには資源を収奪されたり、下手をすれば殺害されたりするかもしれない。つまり、信頼に応えてもらえればいいことがありそうだが、裏切られればひどい目にあうかもしれない。この場合、相手を信頼するかどうかは、相手がこちらの利益にかなうように行為すると「わかる」かどうかにかかってくる。

もちろん、それなりに固定された人間関係を仮定すれば、お互いの利益を探り合わなくても信頼を抱くことはできる（イロコイ族の共同体の内部では顔見知りを信頼することは難しくないだろう）。だが信頼を考える上で大切なのは、それが見知らぬ他人にさえ抱かれうるという事実である。ファースト・コンタクトほど緊張にみちた出会いでなくてもいい。他人どうしが一定のリスクのある状況で関わることは現代社会にありふれている（ヒッチハイクの旅、骨董の取引、マッチングアプリの利用、居酒屋の客引き、オンラインゲームのマルチプレイ）。そこでは、相手がこちらにとって望ましいふるまいをすることが期待され、自己利益が見込まれる場合に信頼に踏み出すことができる。これが認知的アプローチ、すなわち信頼を認知的な態度として捉える立場の基本的なアイデアである。この立場は現在の信頼研究において「信頼のリスク評価アプローチ」や「信頼の合理的選択理論」として分類されることもあるが、本書では「認知的信頼」の理論と呼ぶことにしよう。[02]

認知の仕組みを探る

では、相手がこちらの利益にかなうよう行為することがどうやって「わかる」のだろうか。どのような認知に支えられて、信頼は成り立っているのだろう。明快な説明を与えてくれるのが、政治学者、ラッセル・ハーディンの「カプセル化された自己利益としての信頼」のモデルである[03]。

このモデルによれば、PがQをXに関して信頼するのは、Xに関してPの信頼を裏切らないことが、Qの自己利益に含まれているからである。Pにイロコイ族、Qにフランス人探検家、Xに商取引を代入してみよう。このとき、イロコイ族は「商取引に関して自分たちの信頼を裏切らないことが、探検家の自己利益に含まれている」と考えるからこそ、探検家を信頼する。相手の来歴や性格はよくわからないとしても、少なくとも商取引に関しては信頼に値すると「わかる」。

「探検家たちは信頼に値しません。彼らは隙をみて、あなたたちの財産を奪うかもしれませんよ」。

こんなふうにイロコイ族の人々に話しかけるとしよう。彼らが探検家たちに認知的信頼を抱いているなら、次のような応答がなされるだろう。

「いや、探検家たちは信頼に値する。わたしたちから奪い取るよりも、信頼関係に基づいて商取引を継続したほうが、長期的には彼ら自身の利益にかなっているからだ」。

ここで「信頼に値する」という表現に注意してほしい。「信頼する（trust）」ことが信頼する側の態度であるのに対して、「信頼に値する（trustworthy）」こと、あるいは「信頼性（trustworthiness）」は信頼される側の特性を意味している。ハーディンによれば、相手が信頼に値するという「信念」を抱くことと「信頼」を抱くことはいずれも認知的な態度に属しており、両者のあいだに実質的な違いはない。「「わたしはあなたが信頼に値すると信じる」という表明と「わたしはあなたを信頼する」という表明は等しい[04]」。ひとたび相手が信頼に値するという信念が抱かれれば、行為者にとっては相手を信頼することが合理的なふるまいとなる。なぜなら、「相手が信頼に値する」ことは

「相手は相手の自己利益にしたがって、こちらの自己利益にかなうよう行為するだろう」ことを意味するからである。

このように、道具的に合理的な行為者はお互いの自己利益を手がかりとして信頼を抱く。イロコイ族と同様、探検家もまた「商取引に関して自分たちの信頼を裏切らないことが、イロコイ族の自己利益に含まれている」と考えるなら、両者のあいだには信頼関係が結ばれることだろう。こうして、ファースト・コンタクトの状況にもかかわらず、両者は信頼関係によって相互協力に至る。

整理しよう。信頼という態度の認知的な層として、次のような「認知的信頼」が抽出された。

認知的信頼の定義(2)：不確実な状況において、道具的に合理的な行為者によって抱かれる、「相手はこちらの利益にかなうように行為するだろう」という肯定的な期待。

このアプローチの魅力は、善意にあふれているとか、まじめだとか、きちんとした教育を受けているとか、そういう都合のいい主体を仮定しないところにある。善人だろうが悪人だろうが、顔見知りだろうが他人だろうが、ともかく道具的に合理的な行為者でさえあれば信頼の余地がある。そして信頼関係が結ばれれば、それぞれの行為者は自己利益を追求しつつ、自分に寄せられた相手の期待にそってふるまうようになる。こうして説明される、相互協力的なふるまいの継続を「社会秩序」の成立として理解することにしよう。この意味での秩序はとりたてて珍しいものではなく、既存の社会において気づけば成り立っている。認知的信頼の理論を援用するなら、信頼が「社会の根っこ」として、社会秩序をもたらすだけの力をそなえていることが説明できるかもしれない。

信念との違い

ただ、これが信頼の正体だと言われても納得できない人は多いだろう。右のような考え方は、信頼をあまりにも「計算づく」の態度にしてしまうように思われるからである。実際、これまで信頼に対する認知的なアプローチにはさまざまな問題が指摘されてきた。ここでは代表的な三つの問題を取り上げ、それぞれに応答することで認知的信頼の理論的な特徴を際立たせてみよう。

第一の問題は、信頼と信念の関係である。認知的信頼の立場では「相手を信頼すること」と「相手が信頼に値すると信念を抱くこと」は等しい。両者は同じ、認知的な態度に属しているという。[05]しかし、信頼と信念には違いもあるのではないだろうか。たとえば、ある企業の雇用主が、最近雇ったばかりの従業員が過去に窃盗で有罪判決を受けていたことを知ったとしよう。はたして雇用主は経理に関してその従業員を信頼するだろうか。このとき、雇用主には「その従業員は信頼に値する」という信念に対する強力な反証が提示されている。認知的信頼の考え方に照らせば、反証によって「その従業員はこちらの利益にかなうように行為するだろう」という信頼も崩れることになる。

だが、はたしてそうなるだろうか。信念もろとも信頼も崩れると言い切れるだろうか。少なからぬ信頼の研究者は、このように反証を突きつけられてなお、相手を信頼し続けることは不可能ではないと考えている。[06]「不可能ではない」というのは、ときに人間はむちゃくちゃな信頼をすることがある、ということではなくて、反証に必ずしも揺るがされないという点にこそ、信念とは異なる信頼の特徴があるということである。実のところ、わたしたちは窃盗の前科が明るみに出たにもかかわらず、それでも従業員を信頼しようとする雇用主の態度を想像できるのではないだろうか。

このことを認めるなら、信頼と信念のあいだにはズレがある。「相手が信頼に値する」という信念を抱くから、信頼が抱かれるのではない。むしろ信頼を抱くから、「相手が信頼に値する」ことを否定する証拠にあえて目をつぶったり、そうした証拠に基づく信念を軽んじたりすることがある。

予測との違い

第二の問題は、信頼と予測の関係である。次の二つの事例を比べてみてほしい。

雇用主の信頼：雇用主は、会社の経理に関してある従業員を信頼している。というのも、その従業員は能力も高く、善意をもってまじめに勤務しているように見えるからである。だが、その信頼を裏切って、従業員は経費を不法に着服してしまった。

従業員の信頼：従業員は、経費の着服という自分の犯罪を通報しないことに関して雇用主を信頼している。というのも、自分の犯罪が通報によって発覚した場合、雇用主の会社の評判は損なわれるからである。だが、その信頼を裏切って、雇用主は従業員の犯罪を通報してしまった。

二つの事例を比べると、「雇用主の信頼」はともかく、「従業員の信頼」を信頼と呼ぶことをためらう人もいるのではないだろうか。たしかに、認知的信頼の理屈によれば「従業員の信頼」も信頼であることに変わりはない。「カプセル化された自己利益としての信頼」のモデルにそくして説明することもできる。従業員が犯罪を通報しないことに関して雇用主を信頼するのは、自分の信頼を裏切らないことが雇用主の自己利益に含まれているからである。従業員は相手の自己利益にそくして雇用主が信頼に値することを、すなわち雇用主の信頼性を認知する。そしてこの認知に基づき、「雇用主はこちらの利益にかなうように行為するだろう」という肯定的な期待を抱く。

とはいえ、「雇用主の信頼」における期待が従業員の「善意」や「まじめさ」に向けられているのに対して、「従業員の信頼」における期待はひたすら雇用主の「損をしたくない」という意図に向けられている。だから「雇用主の信頼」に対する裏切りは雇用主を深く傷つけるけれども、「従業員の信頼」に対する裏切りは必ずしも従業員の感情を傷つけない。従業員はせいぜい、期待外れの結果に終わったことを残念がるだけだろう。この場合、あての外れた従業員の期待は「信頼する」というより、相手のふるまいを「予測する」と表現するほうが望ましいのではないか。

反論者は以上を指摘した上で、次のように主張するだろう。本来の信頼は「雇用主の信頼」のように、相手の善意やまじめさに対する感情的な「楽観」の態度にこそ見出される。

批判に応答する

三つの批判のうち、最初の二つの批判を示した。一つは「信頼と思われる事例なのに認知的信頼に含まれない」（説明が足りない）という指摘であり、もう一つは「信頼とは思えない事例まで認知的信頼に含まれてしまう」（説明しすぎている）という指摘である。これらの批判に応えることはできるだろうか。

第一の問題（信頼と信念）から考えてみよう。たしかに、窃盗の前科という事実を前にしてなお、従業員に対する信頼をとりさげない雇用主を想像することはできる。けれども、このことを認めるとしても、「雇用主は「その従業員が信頼に値しない」という信念を抱いているにもかかわらず、従業員を信頼している（したがって、信頼と信念のあいだにはズレがある）」ことは必ずしも帰結しない。たとえば、信頼性には程度があることを前提として、次のように再反論することもできるだろう。窃盗の事実は雇用主にとっての従業員の信頼性をそれなりに低下させたものの、ゼロにはしていない。

第二の問題（信頼と予測）はどうだろうか。批判者によれば、「本来の信頼」は「予測」とは違って価値あるものに対する「楽観」の態度に認められ、裏切られたときには深刻な感情が帰結するという。だが、認知的信頼の立場からすると、この批判は論点先取の誤りを犯している。信頼は認知、感情、制度といったさまざまなレベルにまたがる多層的な態度であって、どの層に注目するかは理論家の関心に左右される。仮に信頼を価値あるものに対する「楽観」とか、裏切られたときの「失望」といった感情的側面から考察するなら、その理論は（それらの感情を伴う）「本来の信頼」と（それらの感情を伴わない）「予測」を区別する必要があるだろう（そして本書もまた、「感情的信頼」を検討する次章ではこの区別を重視する）。一方、認知的信頼の理論を牽引しているのは信頼の主体の感情的側面ではなく、合理的側面に対する関心である。この関心からすると、「本来の信頼」と「予測」の区別は副次的な問題にとどまる。

したがって、二つの批判は必ずしも決定的なものではない。第一の問題は認知的信頼の枠内で解決することができるし、第二の問題は認知的信頼の関心の外にある。「信頼はそれほど計算づくのものだろうか。自分にいいことがなさそうでも、誰かの善意に賭けてみる。それで、裏切られたときには落ちこむ。そんな態度が本来の信頼ではないか」。

こう言われたら、認知的信頼の立場から次のように応じることができる。「もちろん、信頼という複雑な態度のすべてを説明できるとは思っていない。わたしたちはあくまで認知的な態度に的を絞ることによって、信頼ならではの機能を明らかにしようと試みているに過ぎない。その機能とは、見知らぬ他人とさえ相互協力的な社会秩序を作り出す力である」。

「信頼ゲーム」を繰り返す

こうして認知的信頼への批判とそれに対する応答を見ていくと、この立場が説明しようとすることの核心が明らかになる。それは「見知らぬ他人とさえ相互協力的な社会秩序を作り出す力」、すなわち信頼の秩序形成機能である。

したがって、この機能に対する疑義こそが認知的信頼の理論にとっての核心的問題となるだろう。問題の所在を「信頼ゲーム」と呼ばれるやりとりから探ってみたい。このゲームは均衡とパレート最適の異なる社会的ジレンマの一例として提示される。次のようなルールを想定してほしい。

「信頼ゲーム」のルール

(a)　すべてのプレイヤーに十枚のコインが与えられる。

(b)　プレイヤーはランダムに二人組となり、「送り手」（P）と「受け手」（Q）の役割を課せられる。

(c)　Pは与えられた十枚のコインから、何枚をQに送るかを決める。Pが提示した枚数は、「仲介者」によって二倍にされ、Qに届けられる。

(d)　Qは二倍にされて送られてきたコインのうち何枚を手元に残し、何枚をPに返すかを決める。

(e)　Qが提示したコインの枚数がPに届けられ、ゲームは終了する。

このゲームでは、PとQはどのようにふるまうだろうか。プレイヤーのふるまいに制裁が課せられない限り、Q（受け手）はP（送り手）からコインを何枚送られようが、そのすべてを手元に残すように思われるかもしれない。そして、こうしたQのふるまいを予測する限り、Pははじめから一枚もコインを送ろうとしないだろう。したがって、この推論がなされる場合、PとQは最初に与えられた十枚のコインのままゲームを終えることになる。

だがこの結果は、両者にとってそれぞれの自己利益を最大化するものではない。ゲームのルール(c)では、送ったコインを二倍にする「仲介者」がいることに注目しよう。仮にPがQに手持ちの十枚のコインのすべてを送った場合、仲介者を介してQは二十枚のコインを受け取ることができる。その上で、Qが受け取ったコインのいくらかを返せば、両者に最終的に分配されるコインの枚数は最初に与えられた十枚よりも増加する見込みがある。このとき、Pのふるまいは Qに対するPの信頼を反映し、Qのふるまいは Pにとっての Qの信頼性に関わる。PがQの信頼性を認知して Qを信頼するなら、Pは自己利益を最大化するべく多くのコインをQに送ることになるだろう。Qがその信頼に応えれば、両者のあいだには相互協力的なふるまいが実現する。

ただし、ゲームのルール(b)ではプレイヤーはランダムに二人組になることを命じられており、お互いが顔見知りであるとは限らない。ゲームはファースト・コンタクトでありうる。どうすればPは「Qの信頼性を認知する」、つまり「Qが自分の信頼に値することを認知する」ことができるだろうか。

一つの回答は、ゲームが繰り返される状況を想定することである。QがPの信頼を裏切り、まるでコインを返さずにゲームを終えた場合、Pは次のゲームではQにコインを送ろうとしないだろう。反対に、QがPの信頼に応えて、Pの自己利益にかなうだけの枚数のコインをPに返してゲームを終えた場合、Pは次のゲームでもQにコインを送るに違いない[07]。「カプセル化された自己利益としての信頼」にそくして言い直そう。コインを送り返すことに関して PがQを信頼するのは、Pの信頼を裏切らないことがQの自己利益に含まれているからである(仮にPの信頼を裏切れば、繰り返されるゲームにおいてQの得られる長期的な自己利益の見込みは低下するだろう)。したがって、たとえPとQがお互いのことを知らなかったとしても、PがQを信頼することは不可能ではない。

ゲームが繰り返される限り、信頼によって協力的にふるまうことは合理的である。

いかにして裏切りの誘惑を断ち切るか

しかし、繰り返しの仮定を取り払うならばどうなるだろうか。認知的信頼の考え方では、合理的なプレイヤーは「これきりのゲーム」において裏切りの誘惑に抗うことができない。次のゲームの機会が想定されなければ、Pの信頼を裏切らないことがQの自己利益につながらないからである。むしろQは合理的だからこそ、Pの信頼を裏切って、送られてきたコインを総取りするだろう[08]。つまりお互いのことを知らず、かつ、やりとりが繰り返されない状況では、もはや信頼することは合理的ではなくなってしまう。これが認知的信頼の第三の、そして核心的な問題である[09]。

認知的信頼の核心的問題：次の三条件が満たされる場合、信頼を抱くことは合理的ではない。

(1) リスクの条件：信頼が裏切られたときには、自己利益が低下する見込みがある。
(2) 有限性の条件：相手とのやりとりが繰り返されないことがわかっている。
(3) 無知の条件：やりとりに先立って事前情報を持たず、相手が信頼に値するかわからない。

認知的信頼によって、合理的な行為者は「見知らぬ他人とさえ相互協力的な社会秩序を作り出す」ことが示されたかに思われた。ところが「認知的信頼の核心的問題」はこの秩序形成機能に懐疑を突きつける。信頼を抱くことが合理的ではない状況があるのではないだろうか。場合によってはむしろ、合理性にしたがって裏切るべきなのではないだろうか。

この指摘に答えるための、手っ取り早い方策がある。問題を構成する三条件のいずれか、あるいはそのいくつかを退けるのである。このうち(1)のリスクの条件は受け入れざるをえない。「序論」で述べたように、裏切りのリスクに対して脆弱であることは信頼の構成要素だからである。他方、(2)の有限性の条件と(3)の無知の条件が満たされない状況を想定することは難しくない。やりとりがずっと繰り返されると仮定すれば(2)の条件を退ければ)、長期的な自己利益の見込みにしたがって相手が裏切らないことも「わかる」だろう(3)の条件も退けられる)。また、(2)の条件を受け入れるとしても、「サンクション」や「人質」といった仕組みを導入することで(3)の条件は退けられる。サンクションの場合、裏切りを監視し、処罰を与えることで相手の信頼性を向上させる。[10]人質の場合、相手にとって価値あるものを差し出させることで相手の信頼性を担保する。

事実、わたしたちは(1)の条件が満たされる条件にありながら、(2)と(3)の条件が満たされないよう巧みに状況を作り変え、なんとか社会秩序を形成することがある。たとえば、イロコイ族との交渉において、フランス人探検家たちは裏切りのリスクに直面しており(それゆえ(1)の条件が満たされており)、いずれかの陣営が交渉を一方的に打ち切る可能性も排除できなかった(それゆえ(2)の条件も満たされていた)。そこで、探検家を率いるラ・サールが利用したのは「聖なるパイプ」と呼ばれる儀式である。ネイティブ・アメリカンの社会では、「パイプの回し飲みに典型的に見られるように、あらゆる取り決めや約束事はタバコの存在によって確認され、発効した」[11]。パイプで喫煙することは「大いなる神秘」とつながる宗教的な意味を持っており、この儀式を通じて誓われたことがらを破ることは許されない。ラ・サールは「聖なるパイプ」によってみずからにサンクションを課し、たとえファースト・コンタクトの状況であっても自分たちがイロコイ族にとって信頼に値する相手であることを示したのである（それゆえ(3)の条件は満たされない）。

2　自然状態にさかのぼる

内的解決と外的解決

しかし、このやり方で「核心的問題」が解決されたことになるだろうか。

こんな状況を仮想してほしい。あなたは凶悪な犯罪者に身代金目当てで誘拐され、親族は誘拐犯に金銭を支払った。解放されるのを待っているあなたに、誘拐犯はこう告げる。「お前はわたしの顔を見てしまった。解放したら、警察に情報を流すだろう。お前を生かして帰すわけにはいかない」

外部との連絡は遮断されている。誘拐犯の感情に訴えたところで（「お願い、信じて」）効き目はない（凶悪なので）。どうすればこの危機を乗り切ることができるだろう。このなぞなぞの正解は一つではないが、「恥ずかしい写真を撮らせる」ことは効果的かもしれない[12]。その写真があなたにとって致命的なものになるなら、誘拐犯はそれが将来のあなたの行為を拘束し、裏切らない理由を与えることが「わかる」。わかってもらえれば協力の余地がある。あなたは写真を誘拐犯に委ね、誘拐犯はあなたを解放する。

ただ、このとき、誘拐犯はあなたを「信頼」したと言えるだろうか。違和感を覚える人もいるかもしれない。たしかに、この状況では合理的な行為者同士が、お互いの自己利益を手がかりとして相互協力的なふるまいを実現させている。それだけ聞けば認知的信頼の典型である。だが、相互協力を可能にしているのは「信頼」なのだろうか。むしろ「サンクション」や「人質」の力、この場合ではもっぱら「恥ずかしい写真」の力が効いているようにも思われる。

信頼を合理的なものにするためには、相手とのやりとりがずっと続くと仮定すればいい。あるいは「聖なるパイプ」や「恥ずかしい写真」のように、裏切りのインセンティブを低減させる仕組みを後づけすればいい。この考え方は認知的信頼の理論とも整合するだろう。けれどもこうして修正を加えるほどに、社会秩序を作り出す機能を信頼そのものではなく、信頼を外側から制約するものに置き移すことになってしまう。イロコイ族とフランス人探検家の事例では、リスクを伴う不確実な状況で信頼を抱くことは合理的ではないはずなのに、「聖なるパイプ」の儀礼に訴えることによってお互いの信頼性が担保される。この儀礼さえうまく機能すれば、それだけで社会秩序の形成を説明できることに注意しよう。説明にあたって、信頼そのものは実質的な役割を果たしていないのではないか[13]。

この疑問に関して、哲学者のポール・フォークナーは外的解決と内的解決という二つのアプローチを区別する[14]。これまで述べてきた方策は外的解決にあたる。核心的問題を構成する三条件のうち(1)のリスクの条件を受け入れながら、(2)の有限性の条件と(3)の無知の条件のいずれか、あるいはいずれの条件も満たされない状況を想定するアプローチである。対して、内的解決は三条件をすべて受け入れ、その上で信頼の秩序形成機能に対する懐疑に応えようとする。(1) リスクをおかしてまで、(2) これきりの付き合いに終わる、(3) 見ず知らずの他人を信頼することの合理性を明らかにしようとする試みである。それは「サンクション」や「人質」といった外的な仕組みを取り払った「まっさらな社会状態」においてなお、信頼が合理的であることを説明するアプローチとなる。

信頼の力そのものを見定めようとするならば、外的解決は問題の先送りに過ぎない。これから検討されるのは、核心的問題を内的に解決することができるかどうかである。

「まっさらな社会状態」を求めて

とはいえ、内的解決の道のりは険しい。このアプローチが前提とする「まっさらな社会状態」は現実からかけ離れており、それがどのような状況なのか、想像することすら難しいからである。実際、わたしたちの社会には外的解決を促す仕組みがあふれている。「サンクション」や「人質」と聞けば、会計監査、警察行政、金融制裁といったいかめしい社会制度が連想されるかもしれないが、そこには前述の宗教的儀礼のほか、何気ない挨拶の作法、文化に根ざした暗黙のルール、言葉づかいのエチケットといった慣習も含まれる。内的解決を模索するなら、こういった仕組みのことごとくをカッコにくくって、「まっさらな社会状態」にさかのぼる必要がある。この状態から出発して社会秩序の成立を説明しなければならない。だが、そんなことができるのだろうか。

手がかりはある。そのような「さかのぼり」は、社会秩序の起源を求める哲学者たちによって繰り返し試みられてきたからである。おそらくもっとも有名なのは、十七世紀のイングランドの哲学者、トマス・ホッブズの試みだろう。ホッブズは彼の思考の舞台として「自然状態」を描き出した。この状態はまったくの仮説的な状況とも、特定の歴史的段階とも解釈されうるけれども、できるだけ外的な仕組みを剝ぎとった、国家の存在しない前秩序状態が想定されていることが重要である。生身のままの人間たちが「各人の生命と肢体を可能なかぎり守る」ことを目指して向かい合う。[15] この自然状態こそ、内的解決のアプローチが想定する「まっさらな社会状態」を先取りする。

いまや、信頼の力を見定めるために、どうしてホッブズの哲学が重要なのかがわかるだろう。ホッブズは信頼やそれに類する言葉を用いることはあっても、必ずしもそれらを主題化したわけではない。また、後述するように、現代のホッブズ主義者とホッブズ自身のあいだにはいくつかの微妙なズレがある。にもかかわらず、社会秩序の形成をめぐるホッブズの洞察はいまなお信頼研究の焦点であり続けている。ホッブズは自然状態において想定されるやりとりに徹底した分析を加えており、この分析からは認知的信頼の可能性も、その限界も浮かび上がるからである。

これからわたしたちもまた、ホッブズの洞察に光をあてていく。それはホッブズの権威を借りるためでも、信頼研究の歴史的な源流を探るためでもない。認知的信頼の核心的問題に対する内的解決がはたして可能なのか、自然状態の想定にさかのぼって結論を出すためである。

人間の徹底的な解体

ホッブズの考える自然状態は「まっさらな」状態まで解体されている。自然状態においては法律とか、株式市場とか、医療保険といった制度は実効化されていない。それどころか、共同体の習俗や歴史的に受け継がれる慣習も見当たらない。時間をかけてつくられる制度の規範は取り払われ、そのような規範を内面化する機会も奪われている。かといって、自然状態に生きる人々がひそかに神の恩寵や啓示といった宗教的な仕組みに導かれているわけでもない。そこでは、人々のやりとりはあたかも鉄球が鉄球にぶつかり、弾き出すかのような運動のモデルによって説明される。

これだけなら、まだついていける想定かもしれない。けれども、『リヴァイアサン』におけるホッブズの解体はさらに徹底している。[16] 運動のモデルが何かを思考したり、行為したりする人間の内部のメカニズムにも適用されるのである。ホッブズの説明を理解するために、思考する人間のありようを、無数の鉄球が衝突運動を繰り返すような力の複合としてイメージしてみよう。この内部の運動は、やはり衝突運動を重ねている外部の事象からたえず影響を受けている。特定の影響に何度もさらされることによって、ある鉄球とある鉄球の連なりがほかのものよりも強く結びつく。ここに、事象についての因果的な思考が成立する。この連なりをたどることによって特定の事象を理解し、予期することができるようになる。

このモデルを拡張すれば、行為する人間のありようも説明される。人間の場合、内部と外部の運動のインターフェースとして感覚器官がそなわっていることに注意しよう。ある特定の思考の結びつきは、磁石がそれに触れた鉄球の連なりに磁力を伝えるようにして、とりわけ魅力的に感覚されることがある。反対に、内部に連なる鉄球を弾き出すようにして、厭わしく感覚されることもあるだろう。ホッブズによれば、実践的な考慮はこのような力と力のあいだの綱引きに過ぎない。たとえば「今日のお昼には何を食べるべきか」という考慮は、いくつかの行為の帰結をめぐって伝えられる魅力（「どうしても蕎麦が食べたい」）、忌避（「ラーメンはちょっと重いな」）、あるいは無関心によって（「いやまあ、どっちでもいいや」）、行為者の内部の運動があちらこちらに惹きつけられたり、弾き出されたりする過程以上のものではない。仮にその過程のはてに帰結として蕎麦を食べたのなら、その行為者の「意志」は蕎麦を食べることにあったと説明されることになる。

想像力と合理性

ただ、ここまでの説明なら人間だけでなく、動物にもあてはまる（猫は目の前に二種類のエサが差し出されている、その事象を言語的ではないにせよ「理解」することができ、いずれのエサから食べはじめようか「考慮」する）。

では、人間ならではの活動はどのように捉えられるのだろうか。第一に、人間には想像力がある。想像力を働かせることによって、いま、ここで感覚されるものを超えていくことができる。わたしたちはこれからもたらされるはずの、想像上の行為の帰結に対しても実践的な考慮をめぐらせることになる。このように時間の幅のある縦方向の想像力に対して、人々のあいだに広がる横方向の想像力も見出されるだろう。ホッブズによれば、わたしたちは想像力を介して自分と他人を比べ、他人にまさっていると嬉しくなる。[17]「他人の目」を想像した上で、自分の遂行する行為の帰結を評価しようともする。ここに、ほかの動物にはない「誇り」の感情が生まれる。

第二に、人間には理性がある。わたしたちが合理性と呼んできた能力である。ホッブズの表現を借りると、この能力によって「思考の連なりが言葉の連なりに変わる」[18]。外部の事象は「言葉の連なり」によって表象され、信念を用いて筋道の通った推論を組み立てることが可能となる。この推論が実践的な考慮に用いられるとき、わたしたちは想像上の行為の帰結と、それをもたらす手段のあいだの道具的な連関を把握するだろう。まさに、道具的な合理性が発揮されるのである。

わたしたちはまず何かを思い浮かべる。次にそこからもたらされる可能性のある、あらゆる結果を探る。すなわち何かが手に入ったときに、それによって何ができるのかを想像する。人間以外の動物もこのように思考するのだろうか。そうした兆しを見たことはない。[19]

こうして、自然状態をめぐるホッブズの洞察の一端が明らかになった。ホッブズの方法は徹底しており、あらゆる制度の規範が剝ぎ取られた「まっさらな社会状態」が提示されるだけでなく、そこに住まう人間もまた、諸部分の衝突する運動の複合にまで解体される。その上で、感覚、想像力、理性といった抑制された前提から出発して、誇りの感情を抱き、合理性を発揮する行為者のモデルが組みなおされる。

注目してほしいのは、このように抽出された行為者こそ認知的信頼の主体にほかならないことである。認知的信頼の理論家は一貫して「お互いの自己利益のありかを手がかりとして、相手が信頼に値することを認知する行為者」を想定してきた。伝統、共感、道徳といった（都合のいい）前提に頼らなくても、行為者間の信頼関係によって社会秩序が形成されうることを示すためである。そして、そうした行為者がそなえているのが、自分の目的とすることがらを実現するために最良の手段（＝道具）を選びとる道具的合理性だった。これまでの検討から、ホッブズがこのタイプの合理性の基本アイデアを示していたことがわかるだろう。それどころか、認知的信頼という考え方の背景にある「合理的選択理論」、「意思決定理論」、「効用最大化理論」といった現在の社会科学の行為理論は、（確率論の導入を別とすれば）ほとんど完全にホッブズの洞察をなぞっている。解体のはてにたどりついたのは、認知的信頼を成り立たせるための最低限の行為者のモデルなのである。

このことを確認して、ようやく行為者同士のやりとりに議論を進めることができる。それでは道具的に合理的な行為者たちは、自然状態において信頼関係を結ぶことができるのだろうか。

「自然状態」とはどのような状態なのか

まずは、二つの前提を確認して自然状態のやりとりを考えよう。一つは、行為者が道具的合理性をそなえていること。もう一つは、行為者が生き延びるために自分の力を好きなように行使できること（ホッブズはこの自由を「自然権」と呼んでいる）。二つの前提から次のことが言える。

(a)　行為者は自己保存の目的を道具的に追求し、目的追求のためにあらゆるものを手段とみなす。

資源についての前提も確認しておこう。もし自然状態に利用し尽くせないほどの物資や人材があふれていれば、人々は平和に生き延びることができるだろう。しかし、それは都合のよすぎる設定だから、より抑制された状態から出発することにしたい。一言で表現すれば次のようになる。

(b)　自己保存のために必要な資源は有限である。

そうすると、有限な資源は特定の個人に独占されると思われるかもしれない。体力や知力において優れた個人が、劣位に置かれる個人を圧倒する。だが、ホッブズはそう考えない。なぜなら、「肉体の強さに関してはもっとも弱い者でさえ、ひそかなたくらみによって、あるいはその者自身と同じ危険にさらされているほかの人々との共謀によって、もっとも強い者を殺すだけの強さを持つ」からである。[20]この点は、自然状態における信頼の力を見きわめるために重要になる。ホッブズは、自然状態において行為者たちが生き延びるために（一時的にせよ）協力的にふるまう余地を認めているのである。[21]「共謀」の可能性を認める限り、個人間の能力の優劣は打ち消される。

(c)　自然状態においてそれぞれの行為者は平等な力をそなえている。

ただし、共謀だけでは社会秩序をつくりあげるには不十分にとどまる。共謀して強者を打ち倒したとしても、今度は共謀したパートナーに裏切られる可能性を排除できない。むしろ共謀が成功したときにこそ、致命的な一撃を背後からくらう可能性が高まる。ひとたび協力した相手を倒して成果を総取りすることが、自己利益を最大化する合理的なふるまいとなりうるからである。

もちろん、行為者に「思いやり」とか「いつくしみ」といった利他的傾向があると仮定すれば、これほど情け容赦のない状況を回避することもできるだろう。けれどもホッブズの分析では、人間的な行為者は想像力によって自他の比較をおこない、「誇り」のように自己中心的な感情が抱かれることを思い出してほしい。この感情は、利他的傾向性とは反対に人々を闘争へと導くことになる。

(d) 行為者は自己中心的な感情を抱いている。

こうして自然状態という「まっさらな社会状態」では、(a) なんとか生き延びようとする道具的に合理的な行為者たちが、(b) 有限な資源をめぐって、(c) 力関係において拮抗する他人と相対しつつ、(d) 誇りを求める自己本位な感情につき動かされている。これらの前提を受け入れるとき、ホッブズは自己保存という目的の最良の手段として、他人に先んじて相手を打ち倒そうとする暴力が選びとられると考える。「万人の万人に対する闘争」として知られる帰結だが、この状態を「相互不信の危機」と表現することもできるだろう。一時的な協力が成立するとしても、自分がいつ裏切られるかわからない、そんな深刻な不信に誰もがとらわれている状態である。

ホッブズ問題

そして、相互不信の危機から脱却することは難しい。誰もが次のジレンマに陥ってしまうだろう。

平和を求める：一方では、各人は裏切りのリスクにさらされた相互不信の状況よりも、平和と安全のある状態を求める。この目的を実現するための手段として考えられるのは、武器を捨ててしまうことである。

でも、武器は捨てられない⋯他方では、各人は誰も最初に武器を捨てることはできない。なぜなら、捨てたとたんに、まだ武器を捨てていない他人や、捨てたふりをする他人に打ち倒されるからである。

したがって、自己保存を目的とする合理的行為者は、自然状態において「お互いに武器を捨てる」という相互協力的なふるまいを実現できない。「お前が捨てたら、わたしも捨てよう」、「それなら、お前から捨ててくれ」という堂々めぐりから抜け出せないのである。[22] このどん詰まりを、社会学者のタルコット・パーソンズの表現にならって「ホッブズ問題」と呼ぶことにしよう。[23]

いや、諦めるのはまだ早いかもしれない。ホッブズにとって人間の理性は道具的に行使されるだけでなく、言葉の力もそなえていたことを思い出そう。言葉を用いて契約を交わすことができれば、相互不信を克服する道もひらかれるだろうか。残念ながら、このアプローチもうまくいかないことを『リヴァイアサン』の十四章は示唆している。ホッブズはこの章のなかで、二者関係において結ばれる契約を、それが履行される仕方にそくして次の三つのパターンに分類している。

(i)　契約と履行が同時になされる。

(ii)　契約から履行まで時間の幅があり、一方のみが履行している。
(iii)　契約から履行まで時間の幅があり、どちらも履行していない。

この分類にしたがって、自然状態において「お互いに武器を捨てる」という契約が履行されるかどうか考えてみよう。まず、(i)のように「せえの」でいっせいに武器を捨てることが、複数の行為者のあいだで同時に起こるとは考えられない。現実的には、契約とその履行は(ii)や(iii)のように時間の幅をもって生じると想定せざるをえない。ホッブズはこのようなタイプの契約を「信約(covenant)」と呼ぶ。ただし、(ii)と(iii)の場合、自分の信約の履行と、相手の信約の履行のあいだにはタイムラグがある。ホッブズによれば、この想定において自分が先に信約を履行できるとすれば、それは相手が自分と同じように信約を履行するまでのあいだ、相手が「その期間は信頼される」場合に限られる。[24] つまり、信約の主体は「相手は丸腰の自分を打ち倒そうとはしないだろう」という信頼を抱く場合にのみ、すすんで武器を捨てることができる。

しかし、これまでの検討によれば、実にそれだけの信頼に至らないのが自然状態なのである。この状態では、先に武器を捨てたほうが捨てる「ふり」をした他人によって裏切られ、殺されかねない。それゆえ言葉によって将来の契約を交わそうとしても、誰もその履行には踏み出せない。

「裏切り者を野放しにしておくから、いつまでたっても信約が履行されないのではないか。裏切りを監視し、処罰できるだけの組織をつくればいい」。

そう言われるかもしれない。ホッブズのいう「共通の権力」の設立である。けれども、このような権力は自然状態に自生してくるわけではなく、各人が信約を履行することによってはじめて成立する。したがって、またしてもジレンマから逃れられない。すなわち、一方では、裏切りを罰する共通権力があれば、各人は信約を履行することができる。しかし他方では、各人が武器を捨てるという信約を履行することによってはじめて、共通権力は設立される。

このように自然状態、そしてこの状態に住まう行為者をめぐるホッブズの前提を受け入れる限り、相互不信の危機から脱却することはできない。ホッブズ問題は未解決にとどまるのである。

3　「ホッブズ問題」に挑む

ホッブズの教え

これまでの議論を振り返ろう。「あなたのことが「わかる」までは信頼できない」。この発想が認知的信頼をめぐる議論の出発点だった。「わかる」といっても、あなたのひととなりとか、生い立ちとかをすみずみまで知っている必要はない。あなたはあなたの利益にそくして、わたしの利益にもかなうように行為する。このことさえわかれば、わたしはあなたのことを信頼する。あなたもまた同様だろう。そうやってわたしたちは、自己利益のありかを手がかりとしてお互いが信頼に値するとわかる、すなわちお互いの信頼性を「認知する」ことで信頼関係を結ぶことができる。

ただ、この説明には弱点もある。裏切りのリスクである。仮に裏切りを見逃さず罰してくれるだけの制度や組織があれば、お互いが罰を恐れて裏切らないとわかるだろう。あるいは、仮にやりとりがこれからもずっと続くなら、裏切りが割にあわないとわかるかもしれない。でも、これらの仮定を取っ払えばどうだろうか。制度が実効化されていない「まっさらな社会状態」にあってこれきりのやりとりを交わす、そんな状況である。このとき、裏切られるかもしれないのに信頼するのは愚かなふるまいに思われる。とすると、裏切りを制御するだけの外的な仕組みを除外すれば、信頼そのものには社会秩序を作り出すだけの力はそなわっていないのではないか。これが認知的信頼の核心的問題だった。

この問題に応えるためには、「まっさらな社会状態」とは正確にはどのような状態であり、そこで行為者がどのようにふるまうのかを点検しなければならない。その手引きとなるのが自然状態に関するホッブズの洞察である。ホッブズは少なくとも二つのことを教えてくれる。一つは、認知的信頼の力を揺るがすのはただの裏切りではなく、「ここぞの裏切り」であること。ホッブズによれば、自然状態では裏切りがいつも横行するわけではないし、どのような協力もありえないわけでもない。たとえば、弱者が共謀して強者を打ち倒すだけの関係は成立する余地がある。しかし、この関係はそれを破綻させることによって自己利益が見込まれる、最適のタイミングを見計らって裏切られるだろう。この「ここぞの裏切り」がすべてをご破産にする可能性がある限り、自然状態から社会秩序を作り出すのは難しい。

もう一つは、「ここぞの裏切り」を動機づけるのは道具的な合理性であること。ホッブズは自然状態を「まっさらな社会状態」として描き出すだけでなく、そこに生きる人々を諸部分の衝突する運動の複合体にまで解体してみせる。その上で、感覚、想像力、理性といったミニマムな条件から再構成されたのが、道具的に合理的な行為者のありようだった。このような行為者は自己保存という目的を実現するためなら、ときに暫定的な信頼関係を結ぶ一方、ときにためらいなく「ここぞの裏切り」に踏み出すだろう。

もちろん、わたしたちの生きる現実には裏切りを制御しようとする仕組みが整えられている。「まっさらな社会状態」は理屈の上の話に過ぎない。かといって「ここぞの裏切り」が空想に属するわけでもない。まわりを見渡してみれば、監視や罰則といった仕組みにはいくらでも抜け穴があり、付け入る隙があることがわかるだろう。たとえば、マンションから出て行こうとする引っ越しの当日、溜めこんでいた燃えないゴミを（分別せずに！）共同のゴミ捨て場に捨てていけば、まさに「ここぞの裏切り」を働いたことになる。また、もう少し規模の大きな事例として、暗号資産の業界では開発者がここぞのタイミング、とりわけ売買をはじめてすぐの価格急騰の瞬間をみはからって売り抜ける「ラグプル（rug pull）」が繰り返されている（ラグプルとは「ラグを広げるだけ広げておいて、不用意な誰かが乗っかってきたらコケさせる」ことだが、ここから「お金を集めるだけ集めて消える」詐欺行為の意味に転じる）。この手の「ここぞの裏切り」は詐欺のなかでは古典的なやり口だが、現実の社会状況が流動的であり、不確実性をとどめる限り消え去ることはない。

スミスの教え

こうしてホッブズをめぐる検討からは、認知的信頼の立場にとっては不都合な結論が導かれる。認知的信頼を成立させる道具的合理性が、認知的信頼を脅かす「ここぞの裏切り」も促してしまう。

すなわち理論を支えているはずの原動力が、この理論の限界も指し示してしまうという事実である。

では、認知的信頼の立場からこの結論を回避することはできるだろうか。道具的合理性の枠内にとどまるなら、まずもって二つの対応策が考えられる。第一に、道具的合理性のほかに、認知的信頼の成立を説明する新たな要素を人間本性のなかに読みこむ方策、第二に、道具的合理性に関して何らかの制約をかける方策である。[25]

前者から考えよう。哲学者のフィリップ・ペティットは、人々が追求する財として「行動依存財」と「態度依存財」の二種類を区別する。[26] 商品、サービスといった「行動依存財」がそれを追求する行為者の態度からは独立しているのに対して、「態度依存財」は「愛されること、承認されること、尊敬されること」といった行為者の交わす態度に関与する。ペティットによれば、すでにアダム・スミスは倫理学の古典的著作、『道徳感情論』において人間が他人からの良い評判を気にかけ、「態度依存財」も追求することに気づいていた。[27] この着想に基づき、「態度依存財」を追求する道具的に合理的な行為者を想定してみよう。行為者のあいだの信頼は次のように成立する。[28]

前提(1)：まず、わたしがあることがらに関してあなたを信頼するかどうか、考えあぐねているとしよう。わたしがあなたを信頼すれば、「あなたが信頼に値するとわかっている」というシグナルをあなた自身に、そしてわたしたちを見守る第三者に与えると前提する。

前提(2)：あなたは信頼される側として、わたしや、わたしたちを見守る第三者からの良い評判を得ようとする欲求を持っている可能性が高い。言い換えれば、あなたは道具的に合理的な行為者として、「態度依存財」を信頼が問われる状況においても追求しようとする。

前提(3)：前提(2)のような欲求によって、あなたにはわたしの信頼に応えようとする理由が与えられる。あなたはわたしが期待するとおりのふるまいをなす傾向を持つことになるだろう。

結論：たとえあなたが本当に信頼に値するかどうかわからなくても、前提(1)から(3)が満たされていればわたしはあなたを信頼できる。あなたが道具的に合理的であり、かつ「態度依存財」を追求しているとわかっている限り、あなたを信頼することはわたしにとっても合理的である。

結論に注目してほしい。「たとえあなたが本当に信頼に値するかどうかわからなくても」信頼は成立しうる。したがって、この議論を受け入れるなら、見ず知らずの他人同士の織りなす「まっさらな社会状態」においてさえ信頼が成立するように見える。これは核心的問題に対する内的な解決となるのではないだろうか。

だが、このアプローチでは解決に至らない。ペティットの議論の前提のそれぞれには検討の余地があるが、とくに前提(2)の内容が問われることになるだろう。たしかに、スミスの『道徳感情論』が教えるとおり、わたしたちが態度依存財を追求する傾向にあることは穏当な前提である。けれども問題は、態度依存財がわたしたちの追求する「唯一の」目的でもなければ、「支配的な」目的とも言えないことである。「愛されること、承認されること、尊敬されること」を犠牲にしてさえ追求される自己利益がありうることを否定するのは難しい（自己保存のため、名誉をなげうって戦場から逃亡することも、列に並ぶ人から軽蔑されながら、いちはやく人気店のランチを食べるために最前列の人を買収することも、どちらも道具的には合理的でありうる)。それどころか自己利益のために、態度依存財を追求している「ふり」をしておいて、「ここぞの裏切り」を仕掛けることもあるだろう(ある種の結婚詐欺を思い浮かべてほしい)。

したがって、態度依存財の追求がわたしたちにとって本質的であるとか、すべてに優越するといった前提を加えなければ、「ここぞの裏切り」を制御する見込みはない。しかしもちろん、そのような前提は人間的な行為者をめぐる心理学的な事実に適合せず、まともに採用することはできないだろう。

合理性に制約をかける

続いて、認知的信頼の立場のとりうるもう一つのアプローチを考えよう。それは、道具的合理性の内容を修正するという方策である。

これまでの議論では、なかば暗黙のうち、道具的合理性に最大化の要素が組みこまれてきた。道具的に合理的な行為者はいつも自己利益を最大化しようとして、もっともふさわしい手段を選びとるという想定である。この想定をとる限り「ここぞの裏切り」が合理的でありうることは認めざるをえない。ホッブズの「信約」のケースを思い出してほしい。信約の場合、行為者のあいだで契約が交わされてから、その履行がなされるまでにタイムラグがある。行為者がつねに自己利益の最大化をはかるなら、信約が履行されるとは限らない。裏切ったほうが大きな自己利益が見込まれるとわかれば、ためらわず信約を破るだろう。一言で要約すると、次のような合理性が働いている。

無制限の道具的合理性：自己利益を最大化するためには、信約を裏切ることも意に介さない。

このような合理性をそなえた行為者が「まっさらな社会状態」でどれほどやりとりを重ねても、「お前が先に武器をおろせ」、「いや、お前が先に」という堂々めぐりから抜け出すことができず、いつまでも「相互不信の危機」を払拭できない。ホッブズ問題はこの袋小路に由来していた。

しかし、道具的に合理的な行為者がつねに自己利益を最大化しようとすると考える必要はない。哲学者のデイヴィッド・ゴティエは、基本的には相手との取り決めを裏切らない限りにおいて自己利益を最大化しようとする行為者像を提案する。「基本的には」というのは、この行為者も相手が「無制限の道具的合理性」にしたがっているとわかれば、同様に裏切りをためらわない行為指針を採用するからである（その意味で、このタイプの行為者は破格のお人好しではなく、きちんと「道具的」ではある）[29]。こちらの行為者の合理性は信約のケースにそくして次のように整理できる。

制限された道具的合理性：相手が信約にしたがって行為する限りは自分も信約にそって行為するが、相手が裏切りを意に介さない行為者だとわかると、自分も同様に行為する。

一見すると、「制限された道具的合理性」をそなえた行為者（以下、「制限された行為者」）は、

「無制限の道具的合理性」をそなえた行為者（以下、「無制限の行為者」）の食いものにされるように思われるかもしれない。「無制限の行為者」は「制限された行為者」が自分の正体に気づく前に、「ここぞの裏切り」を仕掛けることができるからである。ここで、次の仮定を導入してみよう。[30]

半透明性の仮定：相手が「無制限の行為者」なのか「制限された行為者」なのかは、その行為者とやりとりする他人にもある程度はわかってしまう。

ゴティエによれば、半透明性とは「お互いが相手の情報、相手の言い分、相手が裏切りそうかどうかをある程度は知っている」状況を意味する。この仮定のもとでは、「制限された行為者」の協力的な行為指針のほうが合理的となりうる。履行が果たされず、裏切られるかもしれないとわかっていれば、多くの人は信約を交わそうとはしない。お互いのことがうっすらわかる状況では「無制限の行為者」はやりとりの相手としてリスクが高く、「制限された行為者」のほうがより多くのチャンスに恵まれることになる。結果として、後者に多くの自己利益が見込まれるだろう。

したがって、この見立てが正しいなら「相互不信の危機」から脱却し、ホッブズ問題が解決される可能性がある。「制限された行為者」の割合がそれなりに確保されている社会状態であれば、お互いに信約を履行し合い、「ここぞの裏切り」を制御することが合理的となるのではないだろうか。

裏切りの避けがたさ

しかし、このアプローチにも限界がある。たとえ「半透明性の仮定」によってお互いのことがうっすらわかっていたとしても、「わかる」度合いについては情報の不均衡がありうる。とすると、やりとりを交わす一方だけが「裏切ってもばれないはずだ」と確信するような状況は排除できない。この状況では「制限された行為者」にとっても「ここぞの裏切り」の誘惑に抗うことはできない。あえて裏切らない理由が見当たらないのである。

もちろん、そのような状況を簡単には作らせないと応じることはできる。ゴティエの述べるように、わたしたちは「誠実な協力者と不誠実な協力者を見分ける能力」を発揮する余地もあるだろう。[31] あるいは「半透明性の仮定」の内容を調整し、裏切りが発覚しやすいように、行為者間のやりとりの透明度を上げていく方策も考えられる。

しかし、これらの対応にいそしむほど、今度はわたしたちが本来求めていたはずの「内的解決」からは遠ざかる。もう一度、認知的信頼の核心的問題を振り返っておこう。この問題に内的解決を与えるということは、次の三つの条件をすべて受け入れた上で、信頼の合理性を示すことだった。

認知的信頼の核心的問題：次の三条件が満たされる場合、信頼を抱くことは合理的ではない。

(1) リスクの条件：信頼が裏切られたときには、自己利益が低下する見込みがある。
(2) 有限性の条件：相手とのやりとりが繰り返されないことがわかっている。
(3) 無知の条件：やりとりに先立って事前情報を持たず、相手が信頼に値するかわからない。

「ファースト・コンタクト」の事例に立ち戻ろう。イロコイ族からすると、(1)フランス人探検家たちとの取引にはリスクがあり、(2)そのつどの取引が最後になりうることはわかっている。それでも探検家たちを信頼し、取引に踏み出すことが合理的であると言えるだろうか。先ほどから検討されているのは、イロコイ族に驚異的な洞察力がそなわっているとか(「どうやら、お前たちは正直者のようだな」)、フランス人探検家に隠しようもない信頼性の「しるし」がにじみ出てくる(「これが嘘つきの顔に見えますか」)といった仮定を導入することである。しかし、これらの仮定は明らかに(3)の無知の条件に反している。このやり方ではホッブズ問題を迂回することはできても、核心的問題に内的解決を与えるには至らない。

こうも言えるだろう。相互協力を担保するほど強力な半透明性は、信頼関係の醸成によって実現されはしても、信頼関係に先立って想定することはできない。想定したところで、それは社会秩序の形成機能を信頼そのものではなく、半透明性という都合のいい仮定に置き移すに過ぎない。

まとめよう。わたしたちは認知的信頼の説明力を見きわめるために、現代のホッブズ主義とも言うべき二つのアプローチを検討してきた。第一に、道具的合理性のほかに態度依存財に対する欲求を付け加える方法、第二に、道具的に合理的な主体に制約をかける方法である。しかし、いずれのアプローチも核心的問題の突きつける懐疑を払拭することができない。これらはいくつかの仮定のもと、わたしたちが「たいていは協力する傾向にある」ことを示すことができたとしても、協力の裏をかく「ここぞの裏切り」がなお合理的な選択肢になる可能性を排除できないのである。

合理性を再考する

この結果が示唆するのは、議論の前提そのものを見直す必要である。これまで、わたしたちは一貫して道具的合理性を前提として信頼を考えてきた。しかしいまや、合理性についての考え方を転換するべきなのかもしれない。

実際、道具的合理性の思想的な源流とも言えるホッブズの哲学のなかに、そのような転換を見出そうとする解釈もある。たとえば、哲学者のマイケル・オークショットによれば、「理性（reason）、合理的（rational）、推論（reasoning）は、ホッブズの語彙では、相互に関連はあるものの同一ではないさまざまな人間の力、資質、傾向性をあらわす語である」[32]。つまり、合理性の構想は必ずしも一つではなく、さまざまな構想がありうる。実際、オークショットは合理性を考察するにあたって個人の推論だけでなく、個人と個人の織りなす社会的文脈にも解釈の光をあてようとする。

ホッブズの理解によれば、道徳的な努力の目標とは平和であった。合理的な努力とはどのようなものかがわかったわたしたちは、いまやそれをめざして正しく努力せよと宣言される。この定義を少々敷衍していうなら、正しい行為とは、すべての他者を自分と同等と認め、他者の行動を自分との関係で考えるときには、自分自身の情念や自己愛を勘定に入れないようにいつわらぬ不断の努力をすることである[33]。

ここに浮かび上がるのは、「すべての他者を自分と同等と認め」るような合理性の行使である。それが「ここぞの裏切り」に抗うだけの力をそなえていることに注目しよう。仮にわたしとあなたが同等であると、わたし自身が認めるとする。この場合、あなたの利益ではなく、わたしの利益を優先するべき理由は見当たらない。裏を返せば、ここぞの裏切りというふるまいは、ほかの誰でもない、このわたしの優越性を認めることによってはじめて踏み出される。この優越性は「すべての他者を自分と同等と認め」ることによって消失するだろう。もはや自分を特別扱いして、独りよがりにふるまうことはできない。

「自分を特別扱いするな」。「独りよがりなふるまいをするべきではない」。このような指令は伝統的に「道徳的な」規範とみなされてきた。たとえば、カントが道徳性の原理として「他人を自分の目的のためのたんなる手段として扱うな」と主張するとき、意図されているのは「すべての他者を自分と同等と認め」ることにほかならない。この伝統を哲学者のクルト・バイアーは次のように要約する。「道徳的であることとは、自分の利益を除外することがすべての人に対して等しく利益となるときにはいつでも、自己利益を却下するようにデザインされたルールにしたがうことである」[34]。

したがって、オークショットは「道具的な」合理性だけでなく、「道徳的な」合理性をホッブズのテキストに読みこもうと試みていたことになる。もし道徳的な合理性を前提できるのなら、核心的問題に内的解決を与えることはたやすい。裏切りをもくろむ不届き者には、こう言ってやればいい。

「本当の意味で「合理的」になれ。そうしたら、裏切ろうなんて思わなくなる」。

認知的信頼の限界

このような合理性の構想の転換にどれほどの見込みがあるだろうか。信頼を考えるにあたって、オークショットの発想には賛同すべきところと反対すべきところの二点がある。

賛同するのは、合理性には道具的モデルだけでなく、ほかにもさまざまなモデルがありうるという考え方である。本章では道具的合理性を前提した上で「態度依存財に対する欲求」や「制限された道具的合理性」の想定を付け加え、どうにか裏切りの誘惑を制御しようとしてきた。しかし、これらの試みの失敗が示唆するのは、裏切りを引き起こしている道具的合理性という前提そのものを見直す必要性である。比喩的に言えば、わたしたちはコンピュータの問題を解決するために新たなアプリケーションを試すのではなく、ＯＳ自体に目を向けなければならない。

他方、反対するのは、合理性の道具的モデルに代えて道徳的モデルを想定することである。この想定は、下手をすればホッブズの洞察の魅力を根こそぎ奪いかねない。これまで「いかにして社会秩序は形成されるのか」という観点からホッブズの思考を追跡してきた。この観点からすると、ホッブズのすごみは制度や慣習や信仰のみならず、いかなる道徳も前提としない「まっさらな社会状態」から社会秩序の形成を説明しようとする抑制的な態度にある。この抑制があるからこそ、ホッブズの洞察にそくして認知的信頼の秩序形成機能を見きわめることができた。対して、秩序を形成しようとする主体に「すべての他者を自分と同等と認め」る道徳的合理性を前提してしまっては、すべてはあっけなく片がついてしまう。「片がつく」というのは問題が解決することを意味するのではない。わたしたちにとっての問題とは、信頼することもあれば、裏切ることもある現実的な主体が信頼関係を結び、相互に協力的な社会関係を作り出すことを説明することの難しさにあった。道徳的合理性を前提とすると、この問題そのものが現実離れした主体の理想化によって消え失せてしまう。

こうして、道徳によって信頼の成立を説明しようとするアプローチは退けられる。「序論」で述べたように、検討されるのはむしろその逆、すなわち信頼によって道徳の成立を説明しようとするアプローチである。そのために、次章以降では道具的でもなければ道徳的でもない、それら両極にはさまれた合理性の中間地帯を「感情」、そして「制度」にそくして探索することになる。

最後にこれまでの議論を振り返ろう。本章の目的は「認知的信頼とは何か」、そして「認知的信頼の力はどれほどのものか」を明らかにすることにあった。その成果は次のように要約できる。

認知的信頼：不確実な状況において何らかのことがらに関して抱かれる、「相手はこちらの利益にかなうように行為するだろう」という肯定的な期待。自己利益を追求する合理的な行為者は、相手が自分にとって信頼に値することを「認知」することによってこのような期待を抱く。

認知的信頼の力：そのような認知を合理的な行為者同士が交わすことによって、相互協力的な社会秩序を形成することができる。たとえ道徳的でなかったとしても、行為者同士が自己利益のために結びつくことができる。ここには、社会秩序の認知的な「根っこ」がある。

認知的信頼の限界：ただし、自己利益を道具的に追求するからこそ、裏切ったほうが合理的となる状況は存在しうる。「ここぞの裏切り」の可能性が払拭されない限り、一方的に信頼を抱くことは不合理なふるまいともなりうる。この場合、相互協力的な社会秩序は形成されない。

第二章　善意のしるしと、裏切りの痛み

――感情的信頼

二〇〇三年四月三日の朝、米軍の兵士たちはイラクの都市、ナジャフの一角で数百の群衆に囲まれ、石を投げられた。米軍がシーア派のモスクを占領し、聖職者を連行するという誤情報が伝わったからだった。部隊の指揮をとっていたクリス・ヒューズは取材に答えて、「誰かが銃を撃てば、虐殺に近いことが起こるだろうと思った」と振り返っている。[01] 誤情報によって米軍と民間人のあいだに相互不信の危機が生まれていた。両者の立場、文化、宗教の違いが際立ち、その溝を埋めるだけの交流も重ねられていなかった。「虐殺に近いこと」が起こればイラク全土に武力衝突が連鎖したかもしれない。

ところが、ヒューズは武力を行使することなく状況を変えた。彼は発砲を許さず、ただ「笑え」と命じたのだった。命令にしたがって兵士たちは呼吸を整え、笑顔を作った。それに呼応するように、押し寄せていた人々の緊張もほどけた。

ここにはおそらく、信頼の力が働いている。見知らぬ人とさえ協力関係を結ぶことのできる力である。前章で検討した認知的信頼の考え方では、わたしたちは利益のありかを手がかりに、相手が信頼に値すると「わかる」ことによって信頼を抱く。しかしナジャフの事例では、それが「わかる」だけの証拠が揃っているわけではなかった。激昂する人と、警戒を解かない人とのあいだでは利益を探り合う余裕はなく、相手が何を考えているのかもわからない。人々は石を握りしめ、兵士は銃を構える。一段上に立って、両者を調停する制度もない。状況はホッブズの考える自然状態に近づきつつあった。

とすると、笑え、というヒューズの命令はまったくの無謀だったのだろうか。ヒューズは不合理に思われるほどリスクの高い賭けに出て、たまたまそれに勝ったということだろうか。認知的信頼の観点からはそうなるかもしれない。けれども、ヒューズのやり方には「なるほど」と思わせる何かがある（実際、当時の報道は彼を冷静で理知的な指揮官として描写している）。それは彼が、笑顔のもたらす効果を熟知していたからだろう。笑顔を向けられると、どうしてか、相手のことをつい信頼してしまうことがある。たとえ相手が信頼に値するかどうかわからなかったとしても、あるいはひとたび裏切られていたとしても、しょうこりもなく信頼したいと「感じる」。この信頼にはどこか愚かしいところがあるが、謎めいた力もひめられている。

本章はこのような信頼の側面に光をあてる。この信頼の力を見定めるためには、これまで探求してきた認知的アプローチだけでは足りない。「わかる」というよりは「感じる」こと、感情を抱くこととして理解される信頼がある。この信頼を、前章で検討した認知的信頼から区別して感情的信頼と呼ぶことにしたい。

　前章に引き続き、本章の目的は二つある。一つはそもそも「感情的信頼とは何か」を明らかにすること。もう一つは「感情的信頼の力」がどこからやってきて、どこまで行けるのかを示すことである。最終的には感情的信頼の理論の可能性とともに、その限界を示すことを試みたい。

1　感情的信頼とは何か

夫の耳が気に入らない

「どうしてそんなに、あの人のことを信頼するのか」と問われることがある。そう問いかける人はその人のことが信頼できないと思っていて、わたしの誤った判断をなんとか改めさせようとしている。うまく答えられることはある。過去の出来事や周囲の評判をかき集めて、「ほら、信頼できるでしょう」と言い返す。でも、相手を説得するだけの証拠を揃えられないこともある。口ごもり「わたしには信頼できそうに見える」と言うほかない。それで「勘違いだよ」と忠告されたら、むきになって「そんなことない」と応じたりする。「どうして断言できるの」と尋ねられても、「そう感じる」としか答えられない。このとき、わたしの態度を支えている「感じ」を「感情」という言葉で表現しよう。信頼を感情が支えているのである。

　感情には身体の反応が伴われる。恐ろしい感情にはゾクゾクする反応、恥ずかしい感情にはカーッとなる反応が感じられる。ただ、感情は身体のなかに閉じているわけではない。それはわたししたちが世界を見る、その「見方」にも影響を与える。この影響は色メガネのように作用すると考えるとわかりやすい。苛立っているときには世界はとげとげしく「見える」し、浮かれているときには鮮やかに「見える」。それは感情のせいだとわかっていても、色メガネを付け変えたり、外したりするのは容易ではない。

トルストイの小説『アンナ・カレーニナ』から例を挙げてみよう。既婚者でありながら、新しい恋にとらわれつつあるアンナが、久しぶりに夫のカレーニンと再会する場面がある。そのとき、アンナにはカレーニンがこれまでの結婚生活とはまるで異なるように見えてくる。

> プラットフォームにおりたとたん、アンナの注意をひいた最初の顔は、夫の顔であった。《あら、まあ！　なんだってあの人の耳はあんなになったんだろう？》夫の冷ややかな堂々たる押しだしを、とりわけ、今びっくりして目を見はった丸帽子の鍔をささえている耳の軟骨部をながめながら、アンナは心の中で思った。相手は妻を見つけると、いつものあざけるような微笑で唇をゆがめ、大きな疲れたようなその目で、まともに妻を見つめながら、歩いてやって来た。アンナは相手の執拗な疲れたようなまなざしに出会ったとき、まるでそれが予期していなかったもののように、なにかしら不愉快な感情が、ちらっと心の中をかすめた。[02]

トルストイが描き出すのは、人間の「見方」が感情にやすやすと左右されるありさまである。感情は目の前の状況の特定の側面を際立たせ、それまで見えなかったものを見えるようにする。アンナの場合、恋愛の昂揚、戸惑い、罪悪感といった感情の複雑な重なりによって、夫の「耳の軟骨部」が不恰好にせり出して見えてくる。それは夫の人格に対する否定的な評価に結びつき、新たな恋愛の成就に向けて彼女の行為を動機づけることだろう。

したがって「信頼を感情が支える」といっても、まるで証拠を欠落させた、でまかせのふるまいを促すわけではない。感情によって信頼性に関する証拠の一部が際立たせられるのである。たとえば、フリーマーケットで貴重なビンテージの服が売られており、通りかかったわたしはその服を手に入れたく思うものの、本物かどうか確証があるわけではない。この場合、ビンテージ品の取引に関して売り手を信頼することができるだろうか。周囲を見渡せば、売り手の信頼性の証拠になりそうなものがある（店主がいい人そう、ウンチクが細かい、ほかの客もしきりに商品を手に取っている）。一方、その証拠を疑わしくするような情報もあるかもしれない（やたら安い）。いずれにせよ、もしわたしがすばらしい服に出会った喜びや、売り手の誠実な口ぶりに惹きつけられていたら、その証拠の一部に重きを置き、場合によっては反証となりそうな情報に目をつぶって相手を信頼するだろう。

楽観的すぎる、と思われるかもしれない。リスクの高すぎる、愚かな「賭け」とみなされるかもしれない。しかし、信頼と呼ばれる態度は、いつも計算づくで成り立つとは限らない。たとえ相手が信頼に値するという信念に至らなかったとしても、「楽観」によって踏み出される信頼もあるのではないだろうか。感情的信頼を論じるために、さしあたっては次のような定義を与えてみよう。

感情的信頼：相手は自分のためにあれこれの行為をしてくれるだろうという楽観的態度。

楽観を、それによって世界の「見方」が変わるような感情の色メガネだと考えてほしい。わたしたちはこの感情的態度によって社会生活をなめらかに営むことができる。仮にこのような態度をとらず、ひたすらお互いの利益を探り合っていたら、協力するためにどれだけの証拠を集め、どれほどの時間を費やすことになるだろう（そもそもフリーマーケットのような集いは成立しないかもしれない）。これらの認知的、時間的、経済的コストを感情的信頼は大幅に減少させるのである。

ズレの問題

他方、感情の色メガネはどうしてもバイアスから逃れられない。そしてこのバイアスは、感情的信頼に「ズレ」の問題を呼びこむだろう。

ズレは信頼する側と信頼される側のあいだに生じる。先ほどのフリーマーケットの事例において、「売り手は自分のためにビンテージの服を安く売ってくれるだろう」という楽観的態度、すなわち感情的信頼を抱くとしよう。ところが（よくある話だが）、実際に購入したのは偽物で、ボロボロの古着を割高で買わされただけだった。このときわたしの信頼と売り手の信頼性のあいだにズレが生じている。本当は信頼に値しないはずの相手を、楽観という感情の色メガネを介して信頼してしまっているのである。

ズレが積極的に引き起こされることもある。たとえば広告の効果に関する研究では、消費者の感情に訴えることで企業やその構成員に対する信頼が誘発されることが示されている。[03] たしかに、わたしたちはおびただしい広告にさらされるなか、感傷的な物語や、切迫感をあおる画像、かわいい動物などによって特定の対象に信頼を寄せてしまうことが珍しくない。巧みな広告戦略によって消費者の「見方」が歪められるのである。この歪みを最大限に利用しようとして、しばしば広告には有名人が起用される。有名人のパーソナリティと、広告されていることがらのあいだに関係がほとんど認められない場合にすら、それが消費者の感情に訴え、好意的な反応をもたらす限り信頼を誘い出す見込みがある。十分な証拠もないのに、自分のために何かをしてくれるだろうという信頼が抱かれ、その信頼はそれが向けられている対象の実態からかけ離れてしまう。このズレをもたらすのはもちろん広告だけでなく、原理的にはわたしたちの感情を喚起するあらゆるものに潜在している。

ズレの問題はときに理性と感情をめぐる伝統的な対比に重ねられてきた。理性が客観的である一方、感情は主観的である。理性が根拠に基づくのに対して、感情は根拠不十分にとどまる。感情はバイアスから逃れられず、客観的な真理からズレていく。

とすると、感情的信頼に対する懐疑が芽生えてくる。信頼が楽観のような感情的態度に過ぎないのなら、それは信頼する側と、信頼される側のあいだに深刻なズレをもたらすのではないか。

ヒュームの遺産を掘り起こす

この懐疑を和らげることはできるだろうか。感情的信頼に対する懐疑は感情そのものに対する深い懐疑に根ざしている。懐疑の前提として、理性と感情が「客観的」と「主観的」、あるいは「真理を追跡する」と「真理から遠ざかる」といった対比において理解されていることに注目しよう。一つの方法は、このように単純化された構図から感情を解放することである。実際、感情的信頼をめぐる哲学研究はそれが本格的に着手された一九八〇年代以降、理性と感情の関係を捉え直し、感情の機能を積極的に評価することによって展開されてきた。

興味深いのは、こうした取り組みの多くが過去の哲学者の遺産を掘り起こすようにして遂行されていることだろう。遺産とはすなわち、十八世紀のスコットランドの哲学者、デイヴィッド・ヒュームの哲学である。認知的信頼という考え方の源流としてホッブズにさかのぼったことを思い出そう。そこではホッブズが自己利益を追求する運動の複合体にまで行為者を解体しつつ、そうした行為者のあいだに生まれる相互不信の危機から脱却する方策も探っていたことが確認された。同じように、本章では感情的信頼という考え方の源流としてヒュームにさかのぼってみたい。ヒュームの著作、とりわけ『人間本性論』には感情をめぐる豊かな洞察があり、そのなかには理性と感情の関係を再考するアイデアも含まれている。それは感情的信頼をめぐる懐疑に応えるための手がかりとなるだろう。

結論を先取りすると、ヒュームの分析からは感情的信頼の理論を理解するために決定的に重要な二つの要素を取り出すことができる。感情の志向性、そして応答性である。

感情の志向性

まずは感情の志向性について考えてみよう。ヒュームによれば、感情には直接的なものと間接的なものがある。たとえば、耳をすませるとある音色が聞こえてくる。その知覚から直接的に喜びの感情が抱かれることはあるだろう。[04] 喜び、悲しみ、欲求、嫌悪のように主体の感覚から内発する感情は「直接情念」と呼ばれる。

他方、もう少し複雑な成り立ちの感情もある。ヒュームが「間接情念」に分類するタイプの感情である。手に入れたばかりの楽器を誇らしく感じる状況を考えてみよう。この場合、先ほどの喜びの感情と同じように快い感じがする。でも、それだけではない。誇りの感情を抱くときには楽器を所有している自分自身にも注意が向けられる。誇りの感情は「わたし」を宛先として、その人格にさし向けられている。このように、感情が何かに向けられていることを感情の「志向性」と表現しよう。

ここから間接情念の構造を整理できる。それは(1)快苦に関わる「感じ」のレベルと、(2)それがさし向けられる「志向性」のレベルにまたがる。たとえば夜中にさわがしく聞こえてくる隣人の演奏に、わたしが憎しみの感情を抱く状況を想像してほしい。このとき(1)わたしの憎しみの感情は不快な感じと結びつく一方、(2)憎しみをもたらす演奏は、演奏する隣人の人格とも結びつく。(2)の志向性のレベルでは、感情はわたしの内側の感覚にとどまらず、わたしの外側の誰かに向けられている。わたしは憎しみの感情を介して、他人の人格に注意を払っていると言ってもいい。直接情念が主体の個人的欲求に根ざしているのに対し、間接情念は人格のネットワークとしての社会関係に認められる。ヒュームはこのような間接情念の説明を誇りや憎しみの感情だけでなく、卑下や愛といった感情にも適用する。

感情の志向性は「感情は色メガネのように作用する」という前述の比喩表現を明確化してくれる。わたし自身の卑下の感情は不快な感じを伴いつつ、他人に劣る「わたし」のありようを志向的対象として際立たせる。また、あなたに対する愛の感情は快の感情を伴いつつ、わたしの求める「あなた」のありようを志向的対象として際立たせる。つまり、感情はその志向性によって、感情を抱く人間の「見方」を「わたし」や「あなた」といった人格の特定の側面に集中させる機能を持っている。

もう一度トルストイの描写を例にとってみよう。『アンナ・カレーニナ』の一場面では、夫のカレーニンに対する否定的な感情を通じて、アンナには彼の不恰好な「耳の軟骨部」が際立って見えてくるのだった。その感情が憎しみとして意識されると、今度は両手を組みあわせてポキポキと鳴らす、夫の何気ない仕草までが耐えがたいものとなる。この場合、アンナの憎しみの志向的対象として、カレーニンという確固たる人格の観念があるとは限らない。[05] 憎らしいのはカレーニンの言葉のきれぎれや、立ちふるまいの断片的記憶であって、それらは彼の耳や指の印象を介して結びついている。

このように、感情の向けられる対象として人格という不変の実体が想定される必要はない。間接情念において誇るべき「わたし」の人格とか、愛すべき「あなた」の人格は、わたしたちに知覚される限りでの身体を媒介として志向されるに過ぎない。[06]

感情の応答性

注目したいのは、このように身体を介した感情の志向性において、すでに自他の関係がいやおうなく食いこんでいることである。このことは他人の人格に向けられた感情だけでなく、自分自身の人格に向けられた感情にもあてはまる。

たとえば外出する前に部屋のなかであれこれ衣服を取り替えながら、おしゃれな自分を誇らしく感じたり、みっともない自分を卑下したりする状況を思い浮かべてほしい。実際に見られている必要はない。部屋にはわたしのほか誰もいなかったとしても、わたしの衣服や、それをまとう身体のある側面、ある部分に感情がさし向けられる。自分の誇りや卑下、他人の愛や憧れといった感情が張りついてくる。こうした想像をめぐらせるとき、わたしの身体は複数の感情の色メガネによって捉えられ、際立たせられる「しるし」の潜在する場所となるだろう。

ここには、感情の社会性の起源がある。想像上のものであれ、身体を介して自他の感情が交錯していることに注目しよう。社会なるものが成立するための条件に自他の複数性があるとすれば、ヒュームの論じる間接情念には社会的なものの最初の兆しがある。

では、実際に他人とやりとりを交わすときには何が起こるだろうか。ヒュームは誇りのような間接情念に関して、わたしたちが「他人の意見や感情」にみずからを重ねあわせるようにして応答する傾向を示唆している。[07] つまり、わたしたちはお互いに感情の「しるし」を示しながら、ときには「しるし」から相手の感情を再生し、そこに自分を合致させていく。その具体的な過程は次節で論じることになるが、さしあたっては、ばらばらに方向づけられていた感情が呼応して、やがて重なり合っていくイメージを思い浮かべてもらえればいい。少しずつ呼吸が合い、協調が深められる。

再び『アンナ・カレーニナ』から、アンナとヴロンスキーが接近する局面を考えてみよう。アンナにはカレーニンという夫がいるから、二人のあいだに交わされるのは、表面上はあたりさわりのない、儀礼的な常套句のやりとりに過ぎない。けれどもヴロンスキーはアンナに対する愛の感情を、自身の切迫した表情を「しるし」として伝えようとする。アンナはその「しるし」からヴロンスキーの心中を再生しつつ、彼の感情の色メガネが自分の身体に「しるし」を探し求めることを想像する。その想像に重ね合わせるようにしてアンナが「愛情にみちた視線をじっと相手にすえる」とき、それはヴロンスキーにとって、彼女の愛の感情の疑いようもない「しるし」として際立つことだろう（「「おお、これは！」と彼は有頂天になって考えた。「もう絶望に瀕して、これではきりがなさそうだと思っていたやさきに——これだ！　このひとはおれを愛している。自分で、それを白状している」」）。こうして、身体と想像力を介した表現のやりとりによって、お互いが愛の感情を抱き合っており、お互いがそれに応えようとしているという感情の合致が確かめられるのである。

理性と感情の関係を捉え直す

これまでの議論を整理しよう。一般に、信頼という態度は「不確実な状況において抱かれる、相手に対する肯定的な期待」として理解される。本章が検討するのは、行為者の置かれる不確実な状況を、いわば感情的態度によって飛び越えようとするタイプの信頼である。わたしたちはこのタイプの信頼、すなわち感情的信頼を「楽観」という感情的態度にそくして次のように特徴づけた。

感情的信頼：相手は自分のためにあれこれの行為をしてくれるだろうという楽観的態度。

一見、感情的信頼には深刻な問題がある。ズレの問題である。感情的信頼は根拠不十分な楽観として抱かれるから、信頼する側の期待が、信頼される側の実態と齟齬をきたすことがある。楽観はたやすく裏切られるということである。とすると、感情的信頼を抱くことは自己利益の観点から「愚かな賭け」に見えるかもしれない。道具的に合理的な行為者はこんなふうに忠告するだろう。「もしあなたが誰かのことを感情的に信頼しているなら、自分の態度を見直したほうがいい。その信頼はあなたにとって不合理かもしれない」。

この忠告はもっともらしい。少なくとも前章で考察されたホッブズの哲学の道具立てだけでは、反論を組み立てることが難しい。他方、ヒュームの哲学は別種の洞察を与えてくれる。「合理性」や「不合理性」を再考する手がかりを与えてくれる。その手がかりを求めて、本章では感情の社会性をめぐるヒュームの分析を追跡してきた。それは志向性と応答性という二つの要素から成り立つ。

感情の志向性：間接情念と呼ばれるタイプの感情は、快苦の感じをもたらすだけではない。自他の人格に注意をさし向ける志向性をそなえている。

感情の応答性：感情が向けられるとき、それに合致しようと動機づけられることがある。身体と想像力を介したやりとりを通じて、主体と主体のあいだで感情が重ね合わされる。

わたしたちはそれぞれ、ばらばらの感情を抱き、それらが交わることはない。そう実感されることもある。旧知の友人であれ、家族であれ、本当のところ何を、どう感じているのかは他人にはなかなかわからない。誤解はやまず、感情のズレは至るところにある。対してヒュームが指摘するのは、ズレの問題がそれほど深刻ではないことである（ほかのさまざまな懐疑論への返答と同じく、ヒュームは「心配するな！」と言うだろう）。わたしたちは誰かに感情をさし向け、それに応えることでズレていた感情を重ね合わせることもできる。身体を介して双方向的なやりとりを続けるうちに、感情の、そして感情に基づく意見の合致が生まれる。

ヒューム研究者であり、感情的信頼の提唱者でもあるアネット・バイアーは、このようにして得られる「合致（agreement）」を「真理」として読み替えようとする。真理は（『人間本性論』の第一巻で論じられる）「観念の関係」における合致に限られることはない。そうではなく、（『人間本性論』の第二巻で論じられる）「主体の関係」における合致に真理を見出すこともできるのではないだろうか。バイアーによれば、「感情の社会性」をめぐるヒュームの洞察は、真理が複数の主体の社会的な営みによって実現することを示している。「合致が得られるのは二人かそれ以上の人々が同じことを言っているとき、つまりは第一の人が述べたことを、第二の、そして第三の人々が再び肯定して、そこに矛盾がないときである」[08]。

これはプラトン的な真理論の伝統にとっては意表を突く考え方かもしれない。真理をあくまで無時間的な、あるいは非社会的なものとみなす人も多いだろう。対して、バイアーは「真理（truth）」が「信頼（trust）」と語源を同じくすることを指摘した上で、ヒュームとともに両者を時間的かつ社会的なものとして捉えなおそうとする。[09]「真理」と呼ばれるものは、一方が感情をさし向け、他方がそれに応えようとする人々の社会的な営みを通じて、時間をかけて形成される「合致」とみなされる。そしてこのことは「信頼」の関係においてもまったく同様にあてはまるというのである。

2　「二重の偶発性」を乗り越える

ホッブズ問題、再び

いまや、理性と感情の単純な対比は退けられる。「客観的な」理性と「主観的な」感情、「真理を追跡する」理性と「真理から逸脱する」感情という構図は成り立たない。むしろ感情は、それが社会的に分け持たれることによって「合致」としての真理をもたらすと考えられる。バイアーが主張するように、この意味で感情のやりとりは理にかなっており（reasonable）、もはや理性（reason）と分かちがたく結びついている。ここには「感情的合理性（emotional rationality）」とも表現できる合理性の様態がある。[10]

合理性もまた、一筋縄ではいかない概念である。それは広義において「うまくやる」くらいの意味で、そこには道具的合理性の様態、すなわち「自分の目的とすることがらを達成するためにうまくやる」ことも含意されてはいる。けれども、合理性の概念をこのように帰結主義的、あるいは個人主義的に限定することはない。ヒュームの哲学が教えてくれるのは推論ではなく感情、個人ではなく社会に力点を移すことの意義である。「他人とうまくやる」ための感情的合理性の可能性と言ってもいい。わたしたちはこの可能性を探るため、個人と個人が身体を介して感情を交わし合い、合致に至ろうとする感情の社会性に光をあててきた。合理性の構想を道具的なものから感情的なものに転換することで、信頼におけるズレの問題を解決できるかもしれないと考えたのである。

ただ、これまでの議論ではまだ、十分に説得力のある解決は与えられていない。「合致」とは何か、いかにして「合致」に至るのかが明確には示されていないからである。交わされるのが愛の感情であれば話はわかりやすい。愛していれば、相手の感情に応えようと強く動機づけられる。愛し合っていれば、お互いが自分の感情を表現しつつ、相手の表現から読み取れる感情に応えようと努めるだろう。このやりとりを通じて「わたしはあなたを愛しており、あなたもわたしを愛している」ことが双方に感じられる。これが愛の感情の合致である。

しかし、同じことが信頼の場合にも言えるだろうか。婚活パーティに参加するとしよう。パーティの規模が大きくなるほど知り合いや、知り合いの知り合いに出会う確率は低くなる。参加者の一人ひとりと会話する時間も少なくなるだろう。となれば悪意をもった誰かに騙されないためにも、ある程度の緊張感と、不信の構えをもって社交にのぞまざるをえない。お互いが一目惚れするとか、そのような奇跡でも起こらなければ、アンナとヴロンスキーのような愛に満ちたやりとりが生まれるはずもない。この状況では愛に訴える以前に、まずは信頼するかどうかが問われている。しかも見知らぬ他人同士の場合、たとえ信頼を寄せられたとしても、それに応えようと強く動機づけられるとは限らない。合致に至る道はずっと険しそうに見える。

ここに至って、信頼と社会秩序をめぐる問いが再び提起される。「見知らぬ他人とのやりとりにおいて、いかにして信頼が抱かれるのか」という問いである。

本章はこの問いに答えるため、ヒュームの哲学にもう少し深く立ち入ってみたい。ヒュームは間接情念をはじめとする感情の諸タイプを分類し、それぞれに詳細な分析を加えただけではない。ヒュームの『人間本性論』では、感情によってもたらされる合致が「コンヴェンション」という概念にそくして追究されている。この概念の意義は思想史研究にとどまらない。実のところ、社会秩序をめぐる論争の中心には長いあいだ、ヒュームに由来するコンヴェンションの概念があった。それは現代の信頼研究のキーワードの一つと言ってもいいだろう。以下、わたしたちはコンヴェンションをめぐるヒュームの議論を手がかりとして、信頼と社会秩序をめぐる根本問題に挑みたい。

コンヴェンションとは何か

コンヴェンションの説明の出発点は、ヒュームの生きた時代を反映して穏やかなものになっている。『人間本性論』では社会秩序の成り立ちを求めてさかのぼっても、ホッブズの自然状態ほどに苛烈な状況には出くわさない。人々はいつも自己本位の感情に動かされているわけではないし、お互いの生存をかけて争っているわけでもない。小規模であれ、家族や友人との協力であれば難しくない状況が想定されている。だからこそ、身内の関係を離れて「見知らぬ他人とのやりとり」に踏み出そうとしても、人々は社会契約によって一挙に問題を解決しようとはしない。時間をかけて協力の可能性を探ろうとするだけのゆとりを持っている。それでは、この状況から社会秩序はいかにして形成されるのか。ヒュームの説明を再構成してみよう。

(1) まず、相互協力的なふるまいは小規模な関係から自生するわけではない。わたしたちは他人に対して家族や友人と同じくらい優しくすることはできず（人間の利己心と限られた寛大さ）、資源がいつも安定して確保されるとも限らない（資源の希少性とその所有の不安定性）。

(2) また、わたしたちは一人では自分の欲求を満たすことはできず、他人と協力することによってはじめて十分な資源を得る。社会生活の喜びの多くは、一人で達成するには複雑すぎる。

(3) (1)の前提を受け入れると、わたしたちは利己心と資源の希少性ゆえに、それぞれの欲求を十分に満たすことができない。それどころか、不安定な資源の獲得をめぐる争いはいっそう過酷なものになる。

(4) ならば、利己心を制御し、争いを回避するためにはどうすればよいか。ヒュームは、「コンヴェンション」を形成することによって、各自が利己心をみずから抑制することができると考える。

〔コンヴェンションとは、〕共通利益についての一般的な感覚に過ぎない。社会のあらゆる成員はこの感覚を互いに表現し合い、この感覚に誘われて、各自は自分のふるまいを一定の諸規則のもとに規制するようになる。わたしは、今後わたしに関して他人がわたしと同じ仕方で行為する場合に限り、他人が財を保有するに任せておくのが自分の利益になるだろうことを見てとる。他人もまた、自分の行為を規制することが同様に自分の利益になることに気がつく。利益に関するこの共通する感覚が互いに表現され、互いに知られるようになると、その感覚は適切な決意とふるまいを生み出すのである。[11]

引用部では、それぞれの利益から出発して「コンヴェンション」、すなわち「共通利益についての一般的な感覚」に至る過程が示されている。この過程はさまざまに解釈されうるが、さしあたっては社会の成員をわたしとあなただけに単純化した上で、この二人が所有のルールについてやりとりを交わすと想定してみよう。わたしたちが他人同士であったとしても、あなたがわたしを一方的に裏切ることなく、わたしと同様に行為するなら、あなたの所有を認めることがわたしの自己利益にかなっている。あなたもまた、同じようにしてわたしの所有を認めることに自己利益を見出すだろう。わたしもあなたも、所有が脅かされるのは望むところではないのだから。ここに「利益に関する共通する感覚」が芽生える。ただし、このような感覚が「互いに表現され、互いに知られるようになる」にはそれなりにやりとりを重ねなければならない。それゆえ時間もかかる。この意味では、コンヴェンションとは試行錯誤によって徐々につくられる「合致」である。

この合致を作り出すのは、必ずしもホッブズが主張したような「約束」、すなわち言語を用いた明示的な取り決めではない。コンヴェンションに至る具体的な過程として、ヒュームの挙げる「ボート漕ぎ」の事例を思い浮かべてもよいだろう。わたしたちは一隻のボートに乗り合わせたとき、たとえ明示的な取り決めがなかったとしてもすぐに仲違いするわけではない。身体を介してどうにか呼吸を合わせ、お互いの利益の安定を感じながらオールを漕ぎすすめることができる。このように微細で、豊かな表現を伴ったやりとりが社会秩序の根っこに見据えられているのである。

二重の偶発性

他方、ヒュームの説明にはホッブズとの共通点もある。それは社会秩序の形成過程に利益の探り合いを想定していることである。ヒュームもホッブズと同じように、自己利益を追求する道具的合理性に訴えているのだろうか。

しかし、そう考えると悩ましい問題が帰結する。それは先の引用部の「今後わたしに関して他人がわたしと同じ仕方で行為する場合に限り」という条件に関わる。平たく言えば、「他人もまたそうする限り」という但し書きである。交通ルールがいまだに実効化されていない車道において、見ず知らずのドライバー同士が行き交っている状況を思い浮かべてほしい。この状況ではヒュームの但し書きがあてはまる。つまり、各ドライバーは「ほかのドライバーもまた右側を走行する限り」右側を走行したほうがよいし、「ほかのドライバーもまた左側を走行する限り」左側を走行するほうがよい（そうしなければ、車が正面衝突したり、それを避けるために大変なスリルを味わったりすることになるだろう）。右と左、どちらの側を走行しても見込まれる利益は同じだから、「ほかのドライバーがどちらを走行するか」という各ドライバーの期待の合致が問われることになる。みごと合致すれば、交通ルールに関するコンヴェンションが成立する。

ところが、理屈の上では、この合致に至るのが難しい。道具的合理性に訴えるだけではうまくいかないのである。たとえばドライバーの一人、Aさんがどのように推論するのかを考えてみよう。Aさんがどちらの側を走行するかを決めるためには、「ほかのドライバーもまたそうする限り」という但し書きの条件が満たされなければならない。満たされないまま見切り発車で走り出せば、ほかのドライバーと衝突して自己利益の大きな損失を招くかもしれない。道具的に合理的ならば避けたい帰結である。そこで、Aさんは「ほかのドライバー」の一人としてのBさんについて考える。Bさんははたしてどのように推論するだろうか。Bさんもまた、「ほかのドライバーもまたそうする限り」という条件が満たされなければ何も決められない。しかし、いざBさんがこの条件を満たそうとすると、少なくともAさんに関して、先ほどAさんがBさんに関しておこなったのと同様の推論をおこなうはめになる。

ここまで考えて、Aさんは自分が合わせ鏡のような推論の堂々めぐりにはまりこんだことに気づくだろう。Aさんの推論のなかにBさんの推論が組みこまれ、さらにそのBさんの推論のなかにAさんの推論が組み込まれ、という推論の入れ子構造と表現してもいい。この入れ子構造がAさんとBさんだけでなく、さらにCさん、Dさん、Eさんといったほかのドライバーに拡張されたとしても、構造がいっそう複雑になるだけで何らかの合致に至ることはない。

この問題を、社会学者のタルコット・パーソンズにならって「二重の偶発性」と呼ぶことにしよう[12]。自分の行為選択が他人の行為選択によって決まる一方、その他人の行為選択もまた自分の行為選択によって決まる場合、それぞれの行為選択が相互に依存する堂々めぐりに陥ってしまう。

合理性の構想を転換する

したがって、仮にヒュームが道具的合理性だけに訴えているなら、コンヴェンションの説明は不十分にとどまる。ヒュームはコンヴェンションに至る過程を次のように描き出していた。

わたしは、今後わたしに関して他人がわたしと同じ仕方で行為する場合に限り、他人が財を保有するに任せておくのが自分の利益になるだろうことを見てとる。他人もまた、自分の行為を規制することが同様に自分の利益になることに気がつく。[13]

問われているのは「今後わたしに関して他人がわたしと同じ仕方で行為する場合に限り」という但し書きである。自己利益を道具的に追求するだけでは、どれほど時間をかけ、推論を重ねてもこの但し書きを充足できない場合がある。二重の偶発性のあるところ、コンヴェンションに至るだけの推論の根拠が手に入らないからである。

もちろん、二重の偶発性がいつも現実的な危機としてあるわけではない。お互いが何を考えているのかよくわからない状況においてさえ、「えいや」とばかりにやりとりを交わすことは珍しくない。明示的な交通ルールがなくても、ドライバーの集団は右側走行か左側走行かを「なんとなく」定めていくことができるだろう。ひとたびオールをもって漕ぎ出せば、組んだばかりのパートナーとも「いつのまにか」ボートをあやつるようになる。料理をつくるか、皿を洗うか、はじめのうちは同居人といさかいを繰り返すかもしれないが、やがて役割分担が「できてしまっている」こともある。この点でわたしたちは左右に置かれた干草の前にたたずみ、餓死するまでどちらを食べるか決められないビュリダンのロバほど愚かではない。

だから、二重の偶発性が突きつけるのは「コンヴェンションが現実に成立しない」事実ではない。コンヴェンションは実際には「なんとなく」、「いつのまにか」、「できてしまっている」けれども、それをうまく説明することができないという問題である。

一つのやり方は合理性についての捉え方を思い切って転換することだろう。本章はそのために、理性と感情をめぐるヒュームの洞察に立ち戻ってきたのだった。その洞察には「自分の目的とすることがらを達成するためにうまくやる」道具的合理性の行使も含まれてはいるが、それだけではない。繰り返し述べるなら、ヒュームの感情の哲学からは「他人とうまくやる」感情的合理性の構想を抽出することもできる。それは身体と想像力を介した感情のやりとり、感情の社会的な分有によって複数の行為者を「合致」に導くような合理性の捉え方である。

このような合理性はコンヴェンションをめぐる説明にも見出すことができる。先ほど引用した「但し書き」の直後の文章を引用しよう。「他人もまたそうする限り」という但し書きが二重の偶発性の問題を呼びこむ一方、それに続く文章は問題を解決するための手がかりも与えてくれる。

利益に関するこの共通する感覚が互いに表現され、互いに知られるようになると、その感覚は適切な決意と振る舞いを生み出すのである。[14]

ここに示唆されているのは人と人との相互行為の一種である。それが相互依存的な「推論」ではなく、相互「表現」であることに注目しよう。これまでの議論から明らかにされたように、個々人がそれぞれの自己利益を求めてどれほど推論を重ねてもコンヴェンションに至るとは限らない。対してヒュームが光をあてようとするのは、「利益に関する共通する感覚」が「互いに表現され」る過程である。

その過程の具体的な内容に迫っていこう。出発点に据えられているのは、ホッブズの自然状態よりはいくらか穏やかな状況だった。家族や友人と小規模な協力関係を築くことはできるものの、社会制度の規範、文化的なコード、共同体の慣習といったものは必ずしも実効化されていない。この状況では、人々は不信に凝り固まっているわけではないが、かといって他人に尽くしてあげるほどお人よしでもない。そんな人々がどのようにして「他人とうまくやる」ことができるのだろうか。

想像力

単純な思考実験からはじめたい。あなたは部屋に一人きりにされ、こう告げられるとしよう。「次のマークを見て、どれか一つを選んでほしい。別室にはあなたの知らない誰かがいて、あなたと同じことを告げられている。もしあなたたちが「合致」して一つのマークを選ぶことができれば報酬が与えられる」。[15]

☆☆☆☆☆

さて、あなたはどのマークを選ぶだろう。おそらく、真ん中を選びたくなるのではないだろうか。同じものが複数並べられていると、真ん中のものが際立って見えてくる。このことは多くの人にとって明らかだから、他人同士のぶっつけ本番であっても合致に至ることができる。

この思考実験が教えてくれるのは、推論をめぐらせなくても「他人とうまくやる」ことが不可能ではないことである。真ん中のマークのように、複数のものから際立って知覚され、行為者を合致に導く手がかりはゲーム理論において「フォーカル・ポイント」として知られている。フォーカル・ポイントは視覚的なものに限られない。マークを選ぶかわりに、何らかの正の整数を記すよう二人の被験者に求めるとしよう（二人が合致して同じ数を記せば報酬が与えられる）。こちらの実験では正の数は無限にあるにもかかわらず、多くの被験者が「1」を選び報酬を手にすることができる。全員ではないにせよ、たいていの人にとって「1」という最小の数が正の整数において際立っているからである。このような実験をおこなった経済学者のトマス・シェリングによれば、フォーカル・ポイントの際立った性格、すなわち「顕著性」は論理的な推論からは独立した想像力によって捉えられる。[16]

すでに本章では、間接情念をめぐるヒュームの分析を通じて感情の作用を考察してきた。感情は色メガネのように作用して、世界のある部分、ある側面を際立たせる。しかも、感情の及ぼす影響はいま、ここに見えている世界にとどまらない。わたしたちは過去や未来の自分の感情、さらには他人の感情の色メガネによって際立つものを想像することもできる。想像力によって他人と合致しようとする。[17]この想像は推論から独立するからこそ、二重の偶発性の堂々めぐりを回避する。「でも、どうして真ん中のマークを選んだのですか」。

実際、そんなふうに聞かれても、あなたはもはや推論の根拠を探ろうとはしないだろう。次のように答えるほかない。「なんとなく、そう感じたから。あなたもそう感じるだろうと思って」。

シグナリング

ただし、これだけのやりとりなら、行為者のあいだの合致はほとんど一瞬のうちに実現されている。マークや数字を選ぶ実験のように単純な状況であれば、行為者はフォーカル・ポイントを想像的に把握するだけでいい。

他方、現実の状況ではそれだけで合致に至るとは限らない。多くの場合、わたしたちは時間をかけて対面的なやりとりを繰り返すことではじめてコンヴェンションを形成する。この過程においては想像力を行使するだけではない。目の前にいる、他人の感情によって際立つはずのものを自分の身体を介してつくりだそうとするだろう。同様にして他人がつくりだしたものから、その感情をよみがえらせることもできる。つまり、お互いが感情の「しるし」を交わし合い、再生し合うやりとりに入っていくのである。経済学者のロバート・サグデンはそうした過程を「シグナリング」と表現した上で、シグナリングには自然的な基盤もそなわっていることを主張する。「人々がコミュニケーションしようとするときには、自然なシグナルが手がかりを与え、その顕著性は共通の言語があらかじめ存在するかどうかに依存しない。そのような手がかりは、言語が発達するための種子なのである」[18]。

サグデンが指摘するように、「自然なシグナル」の多くは非言語的になされる。たとえば、おしゃべりしているときに眉をひそめれば不満の感情のシグナルとなるだろう。その際に自分が相手を恐れていることを伝えたければ、ひそめた眉に加えて目を見開き、口角を水平に引いて口を開ければいい。これら、表情のシグナリングが信頼性の判断に影響を与えることは、近年、相貌失認患者を対象とする一連の実験や、脳画像検査法を用いた神経科学的信頼研究によって示されている[19]。また、心理学者のデイヴィッド・デステノや経済学者のロバート・フランクらによっておこなわれた実験では、「腕を組む」、「体をそらす」、「顔に触れる」、「手に触れる」という四つの身振りが不誠実さのシグナリングとなるという[20]。進化の過程において獲得されたこれらのシグナリングは、誰に教わることもなくわたしたちのあいだに機能し、文化、歴史、習俗の異なる他人同士であっても合致に導くことがある。本章冒頭に示したナジャフの事例はその成功例と言えるだろう。米軍の兵士とイラクの人々は、いずれも「自分と同様に相手もまた武器を降ろしてくれるだろう」という推論の根拠を手に入れることはできなかった。そのまま緊張状態が続けば「投石された」あるいは「銃を構えた」ことが引き金となって「虐殺に近いこと」が生じたかもしれない。

しかし、両者は二重の偶発性のもたらす危機を免れることができた。きっかけは笑顔だった。イラクの人々にとって兵士たちの笑顔は善意、あるいは友愛といった感情の「しるし」と受け取られたことだろう。（当時の状況の細部は想像するほかないが、）もしイラクの人々も同じように笑顔か、それに類する感情の「しるし」を兵士たちに返したとすれば、両者はシグナリングによって「自分と同様に相手も武器を降ろしてくれるだろう」という期待の合致に導かれたことになる。

こうして、「利益に関する共通する感覚」が「互いに表現され」るというヒュームの主張に具体的な内容を与えることができる。それは(1)相手がどのような期待を抱いているのかを想像し合うこと、そして(2)身体を介してそれぞれの期待のシグナルを伝え合うことである。二つの要素は(1)「想像力」と(2)「共感」をめぐるヒュームの理論にもそくしているが、コンヴェンションの形成を促す要因がこれらに尽きると考える必要はない。その要因の特定は経験的な探求に開かれており、エンパシー、模倣、バンドワゴン効果、規範同調性、リスクを軽視するバイアスなど、さまざまな研究の知見によって補完される。

いずれにしても、これらは論理的な推論から独立することによって二重の偶発性の罠を克服することができる。証拠が不十分であったとしても、お互いの感情を介すれば証拠の一部が際立つ。そして、際立たせられた手がかりから「相手は自分のために行為してくれるだろう」という期待を抱くようになる。この期待こそ、本章において感情的信頼と名付けられたものにほかならない。それは相互行為においてコンヴェンションを作り出す、社会秩序の形成機能をそなえているのである。

3　楽観が裏切られるとき

善意を楽観する

これまで、ヒュームの洞察にしたがって二つのことを主張してきた。一つは、感情的信頼は必ずしも不合理なものではなく、「感情的合理性」とも表現される合理性の一種をそなえること。そしてこの合理性は、感情がわたしたちのあいだに分け持たれ、合致へと導かれる「感情の社会性」に認められること。このような社会性の構成要素として感情の志向性、ならびに応答性を挙げた。

感情の志向性：間接情念と呼ばれるタイプの感情は、快苦の感じをもたらすだけではない。自他の人格に注意をさし向ける志向性をそなえている。

感情の応答性：感情が向けられるとき、それに合致しようと動機づけられることがある。身体と想像力を介したやりとりを通じて、主体と主体のあいだで感情が重ね合わされる。

これらの主張を踏まえて、いよいよ感情的信頼の理論を明確化していこう。すでに述べたように、この理論はいずれのバージョンも基本的にはヒュームの洞察の枠内を動いており、その先駆となったアネット・バイアーの信頼研究はとりわけ感情の志向性に注目する。感情が向けられるのは、あることがらに関して、相手が自分のために行為するだろうという「善意（good will）」である。[21]

感情的信頼の定義(1)：不確実かつ脆弱な状況において抱かれる、善意に対する楽観的態度。

それ自体として感情的状態である「善意」を強調することで、バイアーは以降の哲学的信頼研究に決定的な影響を与えることになった。一つは信頼に固有の脆弱性に対する着目である。このことは信頼と「予測」あるいは「依拠」の区別に関わる。たとえば、防犯のために玄関先に監視カメラを設置するという状況を思い浮かべてほしい。この状況において、あなたは「泥棒はわたしの家に侵入しないだろう」という肯定的期待を抱く。その話を聞いてあなたの友人がこう言ったとしよう。「なるほど、あなたは泥棒のことを信頼しているんだね」。

するとあなたは、「いや、べつに泥棒のことを「信頼」しているわけじゃないんだけど」と言い返したくならないだろうか。この気持ちを、感情的信頼の定義(1)はうまく説明してくれる。あなたの期待が向けられているのは防犯カメラに対する泥棒の恐怖心や警戒心であって、善意ではない。これらに対する期待は「信頼」よりもむしろ、「予測」や「依拠」といった言葉のほうがふさわしい。他方、その泥棒を指図していた黒幕が、あなたがいつもその善意に期待していた親友であることが発覚すればどうだろうか。あなたはひどく失望し、傷つけられるに違いない。バイアーによれば、「ある人が誰かの善意をあてにする場合、その人は善意の限界に対して脆弱であるほかない」[22]。

こうして、裏切られたときには傷つけられるという脆弱性が信頼の構成要素とみなされる。ただ、善意という志向的対象を持ち出すだけでは、信頼を説明するには不十分だと思われるかもしれない。次のような事例を考えてみよう。

パーティの手土産：太郎は同僚とホームパーティをするのが大好きだ。とくに楽しみにしているのは、部下の花子が手土産に持ってきてくれる高級ワインである。太郎はいつも「パーティでは花子が善意から高級ワインを持参してくれるだろう」ことを楽観していて、その態度を花子に対しても隠そうとしない。そして太郎は、自分の楽観を花子がうとましく感じていることにも気づいている。一度、花子が「これ、けっこうな負担なんですよね」と言い添えてワインを手渡してきたからである。それでも、太郎は「次も楽しみにしてるよ」と言ってのける。

この事例において、とうとう花子が太郎の楽観的な期待を裏切ったとしよう（安いワインを持ってくる、あるいはパーティの招待をすげなく断る）。このとき、太郎ははたして傷つけられるだろうか。おそらく、「あーあ、とうとう怒らせちゃった」などと残念がるだけではないだろうか。だとすると、相手の善意を志向するだけでは信頼に至らない場合があるのかもしれない。少なくとも「パーティの手土産」の事例では、期待が損なわれても「裏切られた」という深刻な感情は帰結しないように思われる。そこでは信頼の構成要素であるはずの脆弱性が欠けているのである。

楽観に応える

そこで、哲学者のカレン・ジョーンズは信頼される側の応答性に注目する。信頼に至るには(a)信頼する側が、あることがらについて信頼される側の善意を楽観的に期待するだけでは足りない。(b)信頼する側は「自分が相手を頼っているとわかれば、相手はそれでもって動かされるだろう」という信頼される側の応答性に対する期待も伴っていなければならない。(a)と(b)、二つの条件が要求されるわけである。

先ほどの「パーティの手土産」の事例にあてはめてみよう。太郎は「高級ワインを持参してくれるだろう」という自分の楽観的な期待がうとましく思われていると感じられるうちは、花子を信頼しているとは言えない。(a)の条件が満たされても(b)の条件は必ずしも満たされていないからである。太郎は「自分の期待に花子が応えようとしてくれるだろう」、「自分の思いに気づき、花子はそれに動かされるはずだ」と感じられてはじめて、花子を信頼していることになる。

こうして、信頼には「感情の志向性」だけでなく、「感情の応答性」も組み込まれる。感情的信頼を捉えるには、志向性とそれに対する応答性という二重の感情的要素を考慮しなければならない。

感情的信頼の定義(2)：不確実かつ脆弱な状況において抱かれる、「自分が相手を頼っているとわかれば、相手は善意によってそれに応えるように動かされるだろう」という楽観的態度。

もちろん、いつも楽観が的中するとは限らない。裏切られることもある。けれども、もう一度、コンヴェンションをめぐるヒュームの洞察を思い出そう。一方が感情をさし向け、他方がそれに応えるやりとりは偶然まかせではない。それはわたしたちの自然的な基盤に根ざした試行錯誤を通じて、何らかの「合致」（＝コンヴェンション）に促される。このようにコンヴェンションに至る志向性、そして応答性という二重の感情的要素から信頼を特徴づけるとき、そのひめられた力も示されるだろう。すなわち、信頼の拘束力である。あなたがあることがらについて、誰かから感情的信頼を寄せられていることを感じとったとしよう。相手によっては嬉しいかもしれない。その信頼に応えようと素直に思うこともあるだろう。だが同時に、自分の将来のふるまいが信頼によって縛られるような気もしないだろうか。「重い」と感じられるかもしれない。次の事例を考えてほしい。

カントの散歩：哲学者のカントは、いつも決まった時刻に散歩をすることで知られている。町の人々はカントの姿を見れば正確な時刻を把握することができた。あるときある人が、散歩をするカントにこう打ち明けたと想定しよう。「あなたのおかげで時計いらずです。これからも、あなたがわずかの時間の狂いもなく散歩するだろうって、みんなと話していたんですよ」。

この状況ではカントに少しばかり同情してしまう。こんなふうに告げられたら、きっと散歩が楽しくなくなってしまうだろう。カントからすると「あなたはこれからも同じ時刻に散歩するだろう」という素朴な予測を聞かされたとは思えない。「あなたはわたしたちの楽観的な期待どおりに、これからも同じ時刻に散歩してほしいし、そうする「べき」である」という圧力を感じとってしまうだろう。圧力をかけるつもりはなかったかもしれない。けれども信頼される側の応答性に期待をかけ、それを表現するときには、相手の行為を拘束しようとする力が伴われることがある。

「裏切るべきではなかったのに」

では、このような拘束力をどのように理解すればいいだろうか。一つのやり方は、信頼には規範的な力がそなわっていると考えることである。

規範なるものをひとまず、欲求のありようから独立してわたしたちを特定の行為に拘束するものとして理解しておこう。注意してほしいのは、あれこれをする「べき」という言い回しがいつも規範的な力をそなえているとは限らないことである。わたしがお酒を飲むことを欲求しているなら、その欲求は「わたしはお酒を飲む「べき」である」（＝「わたしはお酒を飲みたい」）という仕方でも表明されるだろう。対して、規範はそうした欲求から独立してなお、あれこれをする「べき」ことを指令する。「病棟では禁酒する「べき」である」という表明は、指令される相手がどんな欲求を抱こうとも（お酒が好きであれ、嫌いであれ）、ともかくお酒を飲んではならないという拘束力を持っている。

信頼にこの力を見出そうとするのが哲学者のリチャード・ホールトンである。ホールトンはP・F・ストローソンの哲学における「参与的態度」という考え方に注目する。[23] それは善意を期待し合うような、人と人との関係において採用される態度である。相手が期待に応答してくれたときには感謝や賞賛の感情をもってそれに応え、反対に、期待が裏切られたときには恨みや怒りの感情をもって応える。感情的信頼の志向性と脆弱性をめぐる議論では、信頼が裏切られたときに深刻な感情的反応が帰結することが指摘されていた。ホールトンもまた、こうした反応にそくして信頼を「参与的態度」として特徴づけている。信頼を抱くとき、「あなたはその信頼が損なわれたときには裏切られたという感情を抱き、保持されたときにはそれに感謝するという構えにある」[24]。この構えにあれば、裏切られたときにはこう思うだろう。「わたしの信頼に応える「べき」だったのに」。

他方、相手を信頼するのではなく、予測するだけなら「感謝」や「恨み」といった感情的反応は伴われない。予測が外れたことを残念がるだけだろう。この違いは、やはりストローソンに由来する表現を用いて整理することができる。予測の場合には「客体への態度」をもって相手のふるまいをただ推しはかるのに対し、信頼の場合には「参与的態度」をもって相手に期待を投げかけている。期待を投げかけ、受けとめるなかで、わたしたちはお互いに善意を向けることを「規範的に」要求し合っているのである。ここから、感情的信頼を次のように理解することもできるだろう。

感情的信頼の定義(3)：不確実かつ脆弱な状況において抱かれる「参与的態度」。

規範的な力を見定める

以上、バイアーによって端緒を開かれた感情的信頼の理論的展開をたどってきた。それはバイアーの信頼の理論を基礎づけていたヒューム的発想を研ぎ澄ませていく過程だったとも言える。その過程を簡単に振り返ってみよう。感情的信頼とは、おおまかには「相手は自分のためにあれこれの行為をしてくれるだろうという楽観的態度」である。(1)この「楽観的態度」は相手の善意にさし向けられ、(2)頼っている自分に相手が応えてくれるだろうという期待も伴われる。(3)さらに、そのような期待を表現することで相手の行為を拘束しようとする力も行使される。まとめると、感情的信頼には(1)志向性、(2)応答性、(3)規範性という三つの要素を指摘することができる。

ただし、最後に見出された(3)規範性の要素についてはまだ十分に明らかにされていない。信頼の規範性が「どれほどの」力を持っているのかが問われていないのである。わたしたちは規範という概念を、さしあたっては欲求から独立して行為者を拘束するものとみなしたのだった。しかし誰かを信頼するだけで、その相手をどれほど拘束することができるのだろう。次の事例を見てほしい。

カントの裏切り：カントはあるとき、読書に夢中になってしまい、いつもの散歩の時刻には間に合わなかった。一時間ほど遅れて散歩していると、以前、カントに対して「あなたのおかげで時計いらずです」と話しかけてきた町の人が、駆け寄ってきてこう言った。「あなたが同じ時刻に散歩するだろうと信頼して、いつも自分の就業時間を確かめていたのに、あなたは今日、それを裏切ってしまった。おかげで、わたしは定められた時間より一時間も長く仕事をするはめになったわけです。カントさん、どう責任をとってくれるのですか」。

おそらく、多くの人はこの申し立てを言いがかりだと思うだろう。カントもこう言い返すのではないだろうか。「信頼するのはあなたの自由ですが、それに応える義務はわたしにはありません」。

では、次の事例はどうだろうか。

演奏家の裏切り：ある高校のブラスバンド部は、プロの演奏家と有償の契約を交わすことになった。部活動に参加する生徒に対し、週に一度のレッスンをおこなうという約束である。ところが、契約期間中であるにもかかわらず、演奏家は自分のコンサートを準備するために部活動の指導をすっぽかしてしまった。次のレッスンの日、ブラスバンド部に所属する生徒は演奏家にこう言った。「あなたにすっぽかされたせいで、わたしたちは十分に練習することができず、先週のコンサートは失敗に終わりました。どう責任をとってくれるのですか」。

こちらの場合は、生徒の言い分ももっともだと思う人がほとんどかもしれない。コーチには、明らかにレッスンをおこなう義務がある。

一見してわかるように、二つの事例の印象を隔てているのは「信頼」と「約束」の違いである。この違いを哲学者のステファン・ダーウォルは次のように分析する。まず、信頼も約束も「規範的な力」をそなえている点では変わらない。信頼はそれが受け入れられることによって、約束はそれが承諾されることによって「相手はそれに応える「べき」である」という期待をもたらす。しかし「信頼への誘いかけが受け入れられたとしても、〔信頼する人に対して〕約束をする人の権利を与えることにはならないのではないか。それは憤り、道徳的非難といった明らかに義務論的な反応的態度の権限を与えるものではないし、賠償請求のような法的主張を正当化するものでもないと思われる」[25]。

つまり、信頼は約束ほどの拘束力を持っていないのである。もちろん、約束を伴う信頼はありうる。生徒に信頼されている演奏家が公式にレッスンの約束を結ぶこともあるだろう。だが問題は、明示的な約束が交わされないまま、信頼関係のみに基づいてレッスンが継続される場合である。この場合、生徒は演奏家にすっぽかされても演奏家に法的責任や道徳的責任を取らせることはできない。演奏家の側からすると生徒から信頼を寄せられ、信頼を受け入れるだけでは、それに応えなければならない法的義務も道徳的義務も生じない。相手の拘束的な期待を「感じ」、それに応えたいと「感じる」ことがあるだけである。この点で、信頼関係を結ぶことは愛を交わすことに似ている。

「ここぞの裏切り」に抗うことはできるか

この分析から感情的信頼の規範的な力を見積もることができる。信頼を愛ならびに約束と比較すればわかりやすい。

一方では、感情的信頼は約束と同じように、見ず知らずの他人にも受け入れられる余地がある。相手のことを愛していなかったとしても信頼関係を結ぶことはできる。その意味では、信頼の力の「範囲」は愛よりも広い。

他方では、感情的信頼は愛と同じように、法的規範や道徳的規範ほどの拘束力はそなえていない。それらの規範が実効化されていなかったとしても、感情を重ね合わせるようにして社会秩序をつくりだそうとする。その意味では、信頼の力の「程度」は約束よりも弱い。

このように、感情的信頼の力は約束と同じほどの範囲に及びながら、愛と同じほどの程度しかそなえていない。ここから、感情的信頼の力の限界もまた明らかになる。限界地点を指し示すため、ジャン＝ジャック・ルソーが『人間不平等起源論』において提示した、有名な「シカ狩り」の議論を取り上げてみよう。次の事例は、ルソーの記述をさらに単純化して再構成したものである。[26]

シカ狩り：エミールとソフィーは森で狩りをしようとしている。二人は知り合って間もない仕事仲間で、とりたててお互いのことを好いているわけではない。森にはシカとウサギがいる。ウサギは一人で狩ることもできるけれども、シカは二人がかりでないと狩ることができない。そのぶん、シカを捕らえてしまえば、二人は一人でウサギを捕らえたときよりもたくさんの肉を手に入れることができる。このとき、二人は協力してシカを狩ることができるだろうか。

協力できるとは言い切れない。エミールといっしょにシカを追いかけているとき、ソフィーだけがウサギを見つけたとしよう。ソフィーはこんなふうに考えるかもしれない。「エミールが本当にシカを追い続ける気があるのか、わたしにはわからない。それなら、自分だけがシカを追い続けて、結果的にまったく肉を手に入れられないリスクを犯すよりは、いっそのことといま、一人でウサギを捕らえてしまったほうがいい。十分な量でなくても、今日の食事は保証されるのだから。そのせいでエミールはまったく肉を手に入れられないかもしれないが、まずは自分の利益を優先しよう」。

こうして、ソフィーはエミールを裏切ることになる。

この見通しに対しては、感情的信頼の立場から次のように切り返すことができる。「シカ狩り」の状況では、エミールとソフィー、どちらにとっても「いっしょにシカを狩ること」がそれぞれの利益にとってもっとも望ましいことに目を向けよう。もちろん、そのためには「相手もまたシカを狩ろうとする限り」という但し書きが満たされなければならず、少なくとも個人の推論だけではそれだけの根拠にたどり着くことはできない。けれども、二人は狩りをするなかで声をかけ合い、表情を作り、身振りを交えて、シカを狩ろうとする「しるし」を示し合うことができる。いつもうまくいくとは限らない。寄せられた期待からズレて行為することもあるだろう。それでも、試行錯誤を重ねるなか、「相手もまたシカを狩ろうとするだろう」という楽観的期待がもたらされうる。

これが感情的信頼の力である。この力をよすがとして、たいていの場合、わたしたちは他人とうまくやっている。「シカ狩り」では信頼に応えるほうが自分にいいことがあるのだから、あえて裏切ることもない。エミールとソフィーはいっしょにシカを狩り続けることができるだろう。

しかし、信頼に応えるよりも裏切ったほうがいいことがありそうなら、どうだろうか。それでも寄せられた信頼に応える「べき」理由があると言えるだろうか。次の状況を仮想してみよう。

伝説のウサギ：「シカ狩り」の森には、まれに「伝説のウサギ」が現れる。誰かがシカを追い立てていると、おどろいて巣から飛び出してくることがある。伝説のウサギの肉は大きくておいしいから、捕らえられればシカよりも大きな満足を得ることができる。残念ながら、エミールとソフィーがいっしょになって伝説のウサギを捕らえようとすると、警戒して姿を現すことはない。その場合、二人にはシカよりも満足度の低い、ふつうのウサギしか手に入らない。

この状況では、エミールとソフィー、どちらにとっても裏切る「べき」理由がある。自己利益の観点からは、いっしょにシカを狩ろうとするふりをしておいて、伝説のウサギが現れたとき、自分だけが裏切ることが望ましいからである。信頼関係がまるで結ばれないわけではない。二人ともふりをするつもりなどなく、伝説のウサギが飛び出してくる、まさにその瞬間までは相手の信頼に応えるべきだと心底感じているかもしれない。だが問題は、そうして結ばれる感情的信頼の関係は必ずしも確かなものではなく、状況によっては「ここぞの裏切り」の誘惑をつくりだしてしまうことである。いま、ここで相手の信頼を逆手にとることができれば、信頼に応えるよりも望ましいことがある。そう考えるとき、もはや感情的信頼は相互協力的なふるまいを保持するだけの拘束力を持たない。

もちろん、約束を結んでいれば話は違う。「どんなときも、二人は協力してシカを狩る」。この約束がなされている限り、仮にシカを追いかけるエミールを出し抜き、ソフィーがこっそり伝説のウサギを捕らえようとすれば、エミールはソフィーの裏切りの責任を問うことができるだろう。しかし、もう一度繰り返そう、約束ほどの規範的な拘束力は感情的信頼にそなわっていないのである。

したがって、感情的信頼によって「他人とうまくやる」ことができる状況は限られている。「右側を走行するか、左側を走行するか」にせよ、「シカを狩るか、ウサギを狩るか」にせよ、逸脱の魅力が相対的に低く抑えられている状況である（一人で道路の逆側を走行すれば事故を起こすだけだし、一人で捕らえられるのはウサギだけである）。対して、相手の期待から逸脱し、ここぞのタイミングで信頼を裏切ったほうが大きな利益が見込まれる状況では、裏切りがなお合理的な選択肢となりうる（二人でシカをとるよりも、一人でこっそり「伝説のウサギ」を捕らえたほうがよい）。

笑顔の力の限界

本章には二つの目的があった。一つは感情的信頼とは何かを明らかにすること。もう一つは感情的信頼の力を見定めることである。これらの問いに対する応答は次のように要約することができる。

感情的信頼：不確実な状況において何らかのことがらに関して抱かれる、「相手は善意によって自分のために行為するだろう」という肯定的な期待。この期待は善意に向けられた感情的態度としての「楽観」であり、頼っている自分に相手は応えてくれるだろうという期待も伴う。

感情的信頼の力：そのような期待を伴った楽観が表現されるとき、相手の将来のふるまいを拘束しようとする規範的な力が行使される。信頼される側は向けられた信頼に応える「べき」だと感じられ、仮にそれを裏切ったときには、信頼する側が感情的に傷つけられることになる。

感情的信頼の限界：ただし、信頼が受け入れられたからといって、何らかの道徳的・法的な義務を課すことができるわけではない。もし裏切ることによって大きな自己利益が見込まれるなら、相手の信頼を逆手にとって裏切ることが道具的には合理的なふるまいでありうる。

感情的信頼には規範的な力がそなわっているものの、その力には限界もある。それは依然として「ここぞの裏切り」を制御することができない。つまり一方が信頼をさし向け、他方が信頼に応えようとする感情のやりとりは、道具的合理性によって圧倒されうるということである。

この限界は、わたしたちが「実際に」いつも自己利益を最大化するチャンスをみはからい、ここぞのタイミングで裏切りをやってのけることを意味していない。幸か不幸か、わたしたちの多くはほどほどに無能で、ほどほどに怠惰だからである。「ここぞの裏切り」を成功させるほど狡猾にはなりきれず、そのための労力を払う気にもなれない。また、ほどほどに善人でもある。ヒュームが考えるように、わたしたちはお互いに感情を伝染的に分かち合い、もっと一般的な観点から共感することもできる。誰かのふるまいを模倣し、平等性にこだわる傾向を持っていることも、「ここぞの裏切り」の実行をためらわせることになるだろう。つまるところ、わたしたちには裏切らないだけの人間本性に恵まれており、たいていの場合には「なんとかなってしまっている」のである。こうして実現される人と人との「合致」こそ、本章が突きとめた「社会の根っこ」にほかならない。

しかし、この「実際」を認めたとしても、なお問いを重ねることはできる。たしかに、「幸いにして」、わたしたちの「多く」は「ほどほどに」無能であり、怠惰であり、善人であるのだろう。だが、ここからは「だから、信頼に応える「べき」である」ことも、「裏切る「べき」ではない」ことも帰結しない。むしろ、信頼関係を維持しようとする人間本性をあえて抑えつけ、裏切りに踏みこむべき場合があるのではないだろうか。

少なくとも、感情的信頼の理論だけではこの問いかけを封じることはできない。そしてひとたびこの問いかけがなされると、「なんとかなってしまっている」現実に、亀裂のようにして裏切りの可能性が刻まれることになる。それですぐさま、社会生活が崩壊するわけではもちろんない。「信頼によって社会に秩序がもたらされているのは「たまたま」ではないか」、「むしろ社会の底は「抜けている」のではないか」という懐疑が頭をもたげるだけである。それはわたしたちの生きる社会を実際に壊してしまうわけではないが、社会なるものの理解を根本から揺さぶる。この懐疑に対して応えるため、次章では認知的信頼とも感情的信頼とも異なる、新たな信頼の捉え方に進みたい。

第三章　制度とともに生きる
——制度的信頼

裏切りをこうむることは誰にでもある。裏切られたと告白すればたいてい、同情されたり、励まされたりする。ところがメディア王として知られるニューズ・コーポレーション会長、ルパート・マードックの場合、そうはならなかった。

発端は二〇〇六年に起こった盗聴事件だった。マードック傘下のタブロイド紙「ニューズ・オブ・ザ・ワールド」の記者が、イギリス王室関係者の電話を盗聴した疑いで逮捕されたのである。当初マードックは記者個人の犯行として突っぱねていたものの、組織的な指示が告発され、被害者が数千人を超えることが明らかになって雲行きが変わった。戦死した兵士の遺族、テロの犠牲者、誘拐された少女にまで盗聴が仕掛けられたことが発覚して「ニューズ・オブ・ザ・ワールド」は廃刊に追い込まれる。スキャンダルはさらに広がった。同じくマードック傘下のタブロイド紙「サン」、高級紙「サンデー・タイムズ」も法を逸脱した行為を繰り返してきた疑惑が持ち上がる。盗聴だけでなく、私立探偵を雇う、記者が別人になりすまして情報を引き出すといった取材の手口がさらされ、イギリスではメディア全体に対する不信が高まった。そして二〇一一年、議会に召喚されたマードックは一連の疑惑について問われ、自分こそ「信頼していた人々」に裏切られたと証言した。

「彼らは会社とわたしを裏切った。代償を支払わなければならない」。

その言葉は人々を苛立たせた。証言中のマードックにパイ皿を投げつけようとした聴衆もいたが、傍聴席で取り押さえられた。

どうして誰もマードックを擁護しようとしなかったのか。それはおそらく、彼が話をすり替えたからだった。テレビで証言を耳にした人のほとんどは、それまで彼に会ったこともなければ、顔も知らず、とりたてて高潔な善意の持ち主とも思っていなかっただろう。しかし、それでも彼と、彼の経営する会社には報道法や報道倫理にしたがったふるまいが期待されていた。「ニューズ・オブ・ザ・ワールド」のようなタブロイド紙にさえ、報道機関として最低限の規範が課せられていると思っていた。盗聴事件に端を発する、立て続けのスキャンダルはその信頼を裏切ったのである。それなのに、当のマードックは人々を裏切ったのではなく、むしろ自分が裏切られたと証言した。経営者としての自身の立場には言及せず、部下に責任を転嫁する。対等な個人と個人が、お互いの善意を頼りに結んでいた信頼を思いがけず破られたと言わんばかりの表現だった。

ここには少なくとも二種類の信頼が認められる。「並行的な信頼」と「垂直的な信頼」として整理することもできるだろう。[01] 並行的な信頼として、社会制度や政治権力を捨象した次元に想定される対人的な信頼を考えてほしい。第一章と第二章を通じて、ホッブズ的、あるいはヒューム的な前秩序状態にさかのぼって探究してきたのは、個人と個人の向かい合う「生身の」関係に芽生える信頼のありようだった。一方、垂直的な信頼はそのような前秩序状態ではなく、現実的な社会生活の様相に注意を払うことで見えてくる。権力が組織的に確立され、社会規範のネットワークに囲まれた制度的環境において抱かれる信頼とも言えるだろう。マードックの証言が人々を苛立たせたのは、制度にそくした垂直的な信頼が問われているはずの状況で、それを平行的な信頼に転換したことにあった。

本章が光をあてるのは（経営者としてのマードックのように）制度的環境において何らかの規範を課せられ、何らかの社会的役割を担った主体にさし向けられる「制度的信頼」である。このような信頼が正確にはどのような態度を指し示しているのか、そしてそれが主体同士を結びつけ、相互協力的な関係に促すだけの力をどれほど持っているのかを明らかにすることが本章の目的となる。

1　制度的信頼とは何か

不信が広がるとき

盗聴事件を発端とするイギリスのメディア不信は、規模において前例がないものの、その性質においてはそれほど珍しくない。よく知られた日本国内の事例だけでも、社会保険庁の不祥事、旧石器捏造事件、建築会社の構造計算書偽造問題、ＳＴＡＰ細胞問題、雪印、赤福、吉兆らの食品偽装事件などは、はじめは個人に関する疑惑、失望、糾弾に過ぎなかったものがすぐさま業界全体に対する不信に発展していった。これらの事例には、前章で検討された感情的信頼には見られない特徴が二つある。(1) わたしたちは盗聴した記者、捏造した科学者、偽装した社員、横領した官僚といった人々と顔見知りではなく、対面して感情を交わしたわけでもないのに、不信を抱いたり信頼を回復したりすることがある。そして(2) これらの不信や信頼は特定の個人だけでなく、個人の属する組織や、その組織の制度に関わる。

このような信頼のありようを、フランシス・フクヤマは次のように特徴づける。

信頼とはある共同体の内部で発生し、共有された規範に基づいてその共同体のほかの構成員に対して抱く、規則的で、誠実で、協力的なふるまいに対する期待である。[02]

「共有された規範に基づく信頼」。これが制度的信頼や制度的不信を考える出発点となる。あらためて「規範」の意味について確認しておこう。わたしたちはこの概念を、欲求から独立して行為者を特定の行為に拘束するものとして理解したのだった。たとえば、ゼネコンの関係者が談合のためにホテルの一室を借りたという情報を一人の記者がつかんだとしよう。その記者の「スクープがほしい」あるいは「正義を遂行したい」という欲求はホテルの部屋に盗聴機器を仕掛けることを促すかもしれない。しかし、規範なるものはそのような欲求から独立してあらゆる記者を拘束する。記者個人の欲求がどうあれ、ともかく法律を守るべきこと、盗聴するべきではないことを指令する。

規範が「共有される」という表現も見逃せない。何らかの規範が「表示される」だけ、という状況はありうる（わたしの近所の公園では、球技禁止の立て看板がボールの標的となっている）。「ニューズ・オブ・ザ・ワールド」の組織もそうだったのだろう。違法な取材に対する罰則、記者の遵法精神を促す理念、報道倫理を重視する社風などによってはじめて「盗聴するべきではない」といった規範が構成員に共有される。すなわち、拘束力を伴って実効化される。このように実効化された規範の集積を「制度」という言葉で呼ぶことにしよう。

したがって「共有された規範に基づく信頼」が抱かれるとき、信頼の宛先が個人であったとしても、その背後には個人を制約する制度の規範がある。ひとまず、ここに感情的信頼との違いを見てとることができる。(1) たとえば「科学者は論文を捏造しないだろう」という信頼を抱くとき、その信頼は必ずしも個々の科学者の善意に向けられてはいない。あなたのまわりに一人も科学者がおらず、前章で検討されたような感情的交流の経験に乏しかったとしよう。それでもなお、あなたは科学の共同体において制度的に共有され、実効化された規範にしたがって科学者がふるまうだろうと信頼することはできる。(2) だからこそ、その信頼が裏切られたときには、失望の対象は裏切った個人にとどまらない。影響は個人の属する組織や、その組織の制度に及ぶ。一人の科学者の捏造が科学の共同体全体に対する信頼を毀損し、ときには拭いがたい不信につながることもある。

自然な笑顔と作り笑い

とはいえ、感情的信頼と制度的信頼の区別はそれほど単純ではない。

一方で、感情的信頼の生まれる状況の典型として、幼児と親のあいだに観察されるような「自然な」やりとりを思い浮かべるとしよう。他方では、制度的信頼の背景として官僚制度や司法制度のように「人為的な」システムを想定する。このように対比すれば、二つのタイプの信頼は明らかに異なるように見える。たとえば、笑顔に笑顔を返したくなるのは「自然な」感情的反応に思われるだろう。

しかし実のところ、笑顔のような事例においてさえ二つのタイプの信頼は分かちがたい。実際のやりとりに目を凝らしてみよう。わたしたちはいつも幼児のように「自然に」笑いかけるとは限らない。むしろ「人為的な」笑顔、すなわち作り笑いを織り交ぜている。笑い方の種類と意味には文化差があるから、笑顔の解釈をめぐって齟齬をきたすこともあるだろう。それでも対面してやりとりを重ねるうち、お互いの笑顔の意味が少しずつであれ定まってくる（あからさまに口角をあげてみせる笑顔は好意や賛同ではなく、戸惑いや皮肉のしるしであるといったように）。場合によっては笑顔をつくることが指令されたり（「上司の話は愛想笑いでやり過ごせ」）、逆に禁止されたりするかもしれない（「試合に勝っても笑ってはいけない」）。このとき、笑顔は自然に浮かぶものではなく、特定の状況、特定の仕方で人為的に表現される「べき」ものとして、あるいは表現される「べきでない」ものとして課せられる。いわば、笑顔が制度化されるのである。

したがって、感情的信頼と制度的信頼の事例を厳密に線引きすることは難しい。感情のやりとりにも制度の萌芽があり、制度によって感情がかたどられることもある。両者は相互に影響する。

このことを認めつつ、制度の概念をもう少し明確化しておこう。前述のとおり、制度は一般に実効化された規範の集積として理解される。その上で、制度とは「対面的相互作用の外部から、相互作用をする当事者に影響をあたえる「こと」や「もの」である」と想定することにしよう[03]。この発想に基づき、制度の規範は外在的、言語的、集団的性格によって感情的信頼が問われる対面的相互作用の局面から（ある程度は）区別されるだろう。それぞれの性格は次のように要約できる。

(a) 外在的性格：まず、対面的なやりとりを交わすとき、行為者はお互いの反応をよく見ている。対して、制度的環境において行為者は必ずしもお互いの反応を問題にしない。やりとりの外側にある制度の規範にしたがってそれぞれの行為を調整する。

(b) 言語的性格：また、対面的なやりとりに際しては、何らかの表現やそれに対する応答は必ずしも言語的になされる必要はない。対して、行為者が制度にしたがって行為するとき、その規範は言語的に表現されることで実効力が高められる。

(c) 集団的性格：こうして、制度の規範は(a) 対面的なやりとりの外部から(b) 言語的に指令することによって効果的に行為者の集団を規制する。その集団の規模は、対面的なやりとりにおいて協力可能な集団の規模をはるかに上回る。

単純な事例にそくして考えてみよう。あなたは近所の子どもたちの誕生日パーティを盛り上げるため、リビングにお菓子を山積みにしておく。隣室でこっそり様子を見守っていれば、少人数の子どもたちが対面的なやりとりを通じてお菓子を分配する過程を観察できるかもしれない。それぞれが相手の反応をうかがいながら、ときには好きなお菓子を選び、ときには譲り合いつつ落としどころを探っていくことだろう。けれどもそれが幼稚園のクリスマスパーティともなれば、子どもたちだけにお菓子の分配を任せるのはうまいやり方とは言えない。人数が多すぎて、どれほど時間をかけても収拾がつかない可能性が高まるからである。あなたが幼稚園の先生なら、お菓子を前にして、いまにも喧嘩をはじめそうな子どもたちに何らかの指示を与えるのではないだろうか。

「お菓子は、一人あたり三つまで。もめたら、じゃんけんで解決！」

たとえば、こうした指令が「制度の規範」に含まれる。それは(a) 対面的なやりとりの外側から、(b) 言語によって表現され、(c) 多くの行為者のふるまいを相互協力的に調整することができる。

感情だけでは捉えきれない

では、制度の規範の特徴を踏まえた上で制度的信頼を暫定的に定義しておこう。

制度的信頼の定義(1)：不確実な状況において何らかのことがらに関して抱かれる、「相手は特定の制度の規範にしたがって行為するだろう」という肯定的な期待。

このような信頼は社会学や政治学では検討されてきたものの、哲学の領域ではそれほど論じられてこなかった。一九八〇年代から現在に至るまで、哲学的信頼研究の中心にあり続けてきたのは感情的信頼である。その背景には、感情的態度としての信頼を分析することで社会秩序の起源に迫ろうとする哲学者たちの、とりわけヒューム主義者たちの関心があった。

ただし、社会秩序の起源をめぐる関心に意義があるとしても、その探究が信頼と呼ばれる態度を十分に説明してくれるとは限らない。感情的信頼が「善意に対する楽観」として理解されてきたことを思い出してほしい。この点についてアネット・バイアーは次のように述べている。「理にかなった信頼は他人の善意を確信できるだけの根拠があることを、少なくとも他人の悪意や無関心を予期させる根拠がないことを必要とするだろう[04]」。

他方、この考え方が不十分であるとして批判する哲学者もいる。その一人、オノラ・オニールによれば、バイアーの分析には明らかな限界があり、信頼の事例の一部を説明するに過ぎない。「信頼を抱くには善意が必要とされるという考えは（せいぜい）個人と個人の人間関係にしか通用しない。しかもおそらくは、そうした人間関係のすべてにあてはまるものでもない。信頼を抱くことについてはもっと広い考え方が要求されている。それは他人が自分に対して善意を向けているとはまるで思わないのに、わたしたちはその相手がルールを守り、課せられた基準を満たし、適切に何かをおこなうだろうと信頼することがしばしばあるという事実を踏まえたものである[05]」。

医師と患者の関係にそくして考えよう。ある患者は主治医を信頼している。「告知によって自分がどれほど衝撃を受けるとしても、病状について本当のことを話してくれるだろう」という信頼である。では、仮に主治医が「患者を苦しめたくない」という善意をもって、あえて患者の病状をきちんと説明しなければどうなるだろうか。それが善意のふるまいだったとしても、患者は主治医に裏切られたとみなすだろう。反対に、仮に主治医が「医師の務めだから」という理由から患者に病状をためらわず告知すればどうだろうか。この場合、患者は自分に対する善意をまるで感じなかったとしても、主治医が自分の信頼に応えたとみなすはずである。

したがって、このような事例は善意に訴える感情的信頼の理論ではうまく説明できない。むしろ「主治医は医師に課せられる制度の規範にしたがって（善意があろうがなかろうが）病状について本当のことを話してくれるだろう」という制度的信頼として分析するほうがよいだろう。

もちろん、この事例だけで感情的信頼の理論をまるごと否定できるわけではない。制度の要素なしに感情的信頼が成立することも（「パパは迎えにきてくれるだろう」）、感情の要素なしに制度的信頼が成立することもある（「弁護士は守秘義務を守るだろう」）。「序論」で述べたように、信頼とはもとより多層的な態度であり、どの層に照明をあてるかは理論家の関心に左右される。この前提に立てば感情的信頼と制度的信頼は必ずしも対立しない。二つのタイプの信頼は「社会秩序はいかにして創出されるのか」という関心と、「創出された社会秩序はいかにして維持されるのか」という関心にそって区別されることになるだろう。[06] 本章は後者の関心から制度的信頼の層に焦点を絞る。さまざまな社会制度が成立し、わたしたちの生活を幾重にも取り巻いている状況にあって、信頼はどのように結ばれ、どれほどの力を持っているのか。これが新たに設定される問いである。

それを信頼と呼ぶべきなのか

しかし、このように制度的信頼を特徴づけると、根本的な疑問がわいてくる。「そもそも、それを信頼と呼ぶべきなのか」という疑問である。たとえば、次のような状況を想像してみてほしい。

ハラスメント対策：あるスポーツクラブでは新たにハラスメント対策のためのガイドラインが立案され、それに反したときには厳しいペナルティが課せられることが明示された（コーチが暴力をふるったり、暴言を吐いたりするとたちまち解雇されてしまう）。選手たちは「コーチはペナルティを恐れるだろうから、ガイドラインにしたがってハラスメントをしないだろう」と期待するとしよう。では、このときコーチは選手から信頼されていると言えるだろうか。

たしかに、この状況では協力的なふるまいが実現されることだろう。ガイドラインが特定のスポーツクラブの制度として定められ、その規範はペナルティによって実効化されている（つまり、名ばかりの規範ではなく、きちんと「効いて」いる）。選手たちはこの制度の規範にしたがってコーチが行為するだろうという肯定的な期待を抱き、コーチはその期待に応える。

けれどもこの場合、両者の協力的なふるまいは信頼にとって外的な仕組みによって担保されていることに注意してほしい。仕組みとはすなわち、ペナルティを伴ったガイドラインである。このガイドラインがあるから選手はコーチとうまくやっていける。そして、このガイドラインを取り去ってしまったらクラブはすぐさまバラバラになってしまうとしよう。これはつまり、クラブの秩序を支えているのは信頼そのものというよりも、それにとって外的な仕組みに過ぎないということである(このことを、第一章では「認知的信頼の核心的問題」として指摘した)。極端な想定をすれば、たとえコーチが心中ではガイドラインをバカにしていて、選手もそれを知っていたとしても、ともかくペナルティさえ効いていればいい。ここに信頼があると主張できるだろうか。

こうも言えるだろう。ペナルティのような仕組みだけで行為者が十分に拘束されているならば、もはや信頼に言及する必要はない。信頼の機能がそのような仕組みによって肩代わりされているからである。

では、コーチが次のように反論するとしよう。

「わたしがハラスメントをしないのはペナルティを恐れるからではない。ペナルティがなくても、わたしはガイドラインの方針にしたがってふるまうだろう」。

そこで、状況を次のように修正してみよう。コーチの言葉を尊重した選手たちはペナルティを撤廃し、ガイドラインの方針だけを周知することにした。そうすると、ガイドラインはスポーツクラブの制度に組み込まれているものの、その規範はペナルティではなく、コーチがみずからそれを引き受けることで実効化されることになる。哲学者のエイミー・ムリンはこのような「引き受け」を規範に対する「内的なコミットメント」と表現する。ムリンによれば、内的なコミットメントによって何らかの行為がなされるだろうという肯定的な期待こそ「信頼」と呼ばれるにふさわしい。

「信頼に要求されるのは、信頼される側が特定の社会規範に内的にコミットしており、その規範が特定の行為の領域において重要だと考えているという想定である。そして信頼する側もまた、その規範を共有していなければならない[07]」。

したがって、ひたすらペナルティを恐れているだけのコーチを選手は信頼しようとしないだろう。コーチは外的な仕組みに制約されているとしても、その規範に「内的にコミットする」わけではないからである。以上の議論から、制度的信頼の定義を次のように書き加えることができる。

制度的信頼の定義(2)：不確実な状況において何らかのことがらに関して抱かれる、「相手は特定の制度の規範に内的にコミットして行為するだろう」という肯定的な期待。

制度を引き受ける理由

ただ、この定義には曖昧なところもある。難しいのは「内的にコミットする」ことの意味である。ムリンによれば、少なくともそれは「特定の社会規範に対して、ただ道具的にコミットする」ことではない[08]。「道具的にコミットする」とはすなわち、道具的合理性にしたがって規範を引き受けることである。前述のスポーツクラブの事例において、コーチに「どうしてあなたはハラスメント対策のためのガイドラインを守るのですか」と尋ねるとしよう。「ペナルティを恐れるからです」とか「たくさんお給料がもらえるからです」といった返答がなされるなら、それは自己利益の観点から望ましい行為を道具的に選び取っているに過ぎない。コーチのふるまいは罰則や報酬をそなえた外的な仕組みに縛られており、ガイドラインの規範に内的にコミットするとはみなされない。

しかし、これだけでは「内的にコミットする」ことが何でないかはわかったとしても、何であるかは明確に説明されていない。道具的な合理性でないとすれば、行為者はいかにして制度の規範を引き受けようとするのだろうか。

一つのやり方は道徳性に訴えることである。たとえば哲学者のキャロライン・マクロイドによれば、信頼には相手が道徳的にふるまう傾向性をそなえていること、そしてあることがらについて、自分と相手が道徳的な観点から同様のものを支持するだろうことへの期待が伴われる。[09] どうしてガイドラインを守るのか、という先の問いに対してコーチが次のように答えると仮定しよう。「あのガイドラインが道徳的にまっとうだからです。ペナルティがなくても、ハラスメントのないクラブをつくっていきたいですね」。

このときコーチは道徳的な観点からガイドラインを支持しており、ペナルティという外的な仕組みが効いていなくてもハラスメントに関する規範をみずから引き受けようとするだろう。道徳的だから、その規範に「内的にコミットする」ことが期待されるのである。

オノラ・オニールもまた、道徳的な観点から制度的信頼を論じている。[10] 彼女によれば、道徳的であることは合理性の要求にほかならない。「カントの基本的な考え方はきわめて単純である。すなわち理由（reasons）なるものはわたしたちが与えたり受け取ったり、取り交わしたり退けたりするものとなる」[11]。「カントの基本的な考え方」では、合理性（rationality）は独りよがりなものではない。わたしがあることがらを思考したり、行為したりするとき、その思考や行為がわたしだけでなく、ほかの誰にとっても受け入れられうるものならば、それは合理的なものとみなされる。反対に、ある思考や行為が誰かにとって受け入れることができないなら、つまり独りよがりなものなら、それがわたしの道具的な観点からどれほど魅力的なものであったとしても不合理なものとなる。したがって、行為者が合理的である限り、「独りよがりなふるまいをするべきではない」という道徳的な原則をみずからに課すことになる。

この考え方によれば、コーチは「道徳的に」合理的だからこそ、外的な仕組みが効いていなくてもガイドラインの規範をみずから引き受けるだろう。独りよがりなふるまいをするべきではなく、かつ、ハラスメントは独りよがりなふるまいだからである。そしてこのような説明が説得力を持つならば、「内的にコミットする」ことの内実は解き明かされたようにも見える。すなわち、それは道具的合理性ではなく、道徳的合理性によって制度の規範を引き受けることを意味している。

合理性の中間地帯を探る

しかし、このやり方でも制度的信頼を十分に説明することはできない。なぜなら、道徳的合理性を発揮していなかったとしても、制度の規範をみずから引き受けることはありうるからである。

極端だが、わかりやすい例として、殺し屋に対する依頼人の信頼を仮想してみよう。殺し屋は道徳的合理性にしたがって仕事を遂行するとは限らない。それどころか殺し屋の仕事には、殺人のように道徳的合理性の要求に真っ向から反するタイプの行為も含まれる。にもかかわらず、依頼人は相手が殺し屋としての規範（情報の秘匿、確実な殺害、証拠の隠滅など）を引き受けることを期待できるだろう。しかも『ゴルゴ13』のデューク東郷のような殺し屋なら、ただ報酬につられ、罰則を恐れてそうするわけでもない。彼はプロフェッショナルな殺し屋として、これらの規範をみずから引き受けること、すなわち「内的にコミットする」ことが期待される。したがって、道徳的合理性に訴えるだけでは、このように道徳性の埒外にあるように見える信頼のありようを捉えることができない。

とすると、いったい何が制度的信頼を支えるのだろうか。

本章ではこれまで、感情的信頼とは異なる信頼の層として制度的信頼に照明をあててきた。多種多様な規範が共有される制度的環境において問われる信頼の層、具体的には科学者、医師、記者、官僚、アスリート、詩人、殺し屋といった「役割を担った主体」に対する信頼である。これらの人々は必ずしもこちらに善意をさし向けてくるわけではない、対面して感情を交わすことができるとも限らない。それでもわたしたちは彼ら、彼女らがみずから制度の規範を引き受けるだろうと信頼する。

問題は「どうして規範を引き受けようとするのか」である。この「引き受け」がまったくの不合理なふるまいではないとすると、わたしたちはいわば、合理性をめぐる二つの柱のあいだに迷いこんでしまう。一方の柱は道具的合理性である。このタイプの合理性に訴えることは、制度的信頼をめぐる議論を認知的信頼が陥った窮地に引き戻すことになるだろう。それは信頼される側が制度の規範に「外的にコミットする」ことを教えてくれても、「内的にコミットする」ことを説明してはくれない。もう一方の柱は道徳的合理性である。なるほど信頼される側に道徳性を想定すれば道徳的規範に「内的にコミットする」ことは示される。けれども、この説明は道徳に反する規範、あるいは道徳的に中立的な規範に対するコミットメントの成り立ちについては沈黙せざるをえない。規範性の観点からは、前者のホッブズ的な合理性は痩せすぎており、後者のカント的な合理性は肥りすぎているとも言える（このことはすでに、第一章の末尾に指摘した）。制度下にあって社会的な規範や役割を引き受けるには、道具的であるだけでは足りないが、道徳的である必要もないだろう。おそらく二つの合理性の構想のいずれでもない、両者の中間にあるものが求められている。

2　行為することは演技することである

「行為者」となるために

そのような中間地帯に新たな合理性のモデルを想定してみよう。理解可能性（intelligibility）としての合理性である。それはわたしたちがたまたま持っていたり、持っていなかったりするものではない。行為者である限り、誰であれそなえているはずのものが理解可能性としての合理性である。

この必然性はどこからやってくるのだろうか。いくらか混みいった説明になるため、一つずつ確認しながら議論を進めたい。

まず、議論の前提として、欲求に押し流されるだけでは行為には至らない。行為と呼ばれるものにはそれ以上の何か、行為の担い手にとって付け加えられる何かが要る。たとえば、欲求のおもむくまま道をふらついているだけでは行為とはみなされない。少なくとも「いったい、自分は何をしているんだろう」、「どうしてこんなことをしているんだろう」といった問いに答えられなければ、足を交互に前に出しているだけの身体運動と区別がつかない。けれどもたいてい、わたしたちはそんな運動を繰り返すだけでなく、「この先にはスーパーがあって」、「そうそう、野菜の安売りをやっていて」、「わたしは食材を安く手に入れたいと思っていたのだった」というふうに、いましていることを、信念、欲求を含む自分の心のありように「たどる」ことができる。[12] たどることによって理解できるもの、意味のわかるものになる。このとき、ただの身体運動は「行為」となるだろう。

この意味で行為の担い手となるために、すなわち「行為者」となるために、わたしたちは自分のしていることを理解できるものにしようとする。理解可能性という合理性のフィルターを、これからしようとすることにかけると言ってもいい。このフィルターが行為者によって付け加えられる「何か」である。

いつもそれに成功するとは限らない。つまり、自分のしていることを自分の心のありようにたどることで、それを理解できるものにするとは限らない。よく知られた失敗として、フロイトの『精神分析入門』で紹介された一事例を考えてみよう。オーストリアのある議長が議会を開くにあたって「議会を閉会します」と宣言してしまった事例である。そこでは意識下の欲求に押し出されるようにして言い間違いがなされ、ほかの議員に指摘されるまで議長は自分の誤りに気づきもしなかった。「閉会宣言」は、理解可能性という合理性のフィルターをすり抜けてしまったのである。

「彼は、自分が何をやっているかもわかっていないんだよ」。

議長はそんなふうに笑われたことだろう。この笑いは、ひるがえってわたしたちが行為者であるための条件を指し示している。すなわち、「行為者は自分が何をやっているかをわかっていなければばならない」。そうでなければ行為者になりそこねてしまう。この条件を満たそうとして、行為者は理解できないふるまいをあらかじめ抑制しようともするだろう。

笑いを例にとってもいい。わたしたちはくすぐられたり、おかしな状況に出くわしたときには思わず吹き出してしまうことがある。それは抑制しがたい生理現象としての、感情の爆発としての笑いである。その一方、作り笑いをするときのように、あえて笑おうとすることもある。笑ってしまうのではなく、笑う、という行為にみずから踏み出すと表現することもできるだろう。議長が言い間違えてしまったとき、ある議員はいつもの冷静な態度を崩して、あからさまな侮蔑の笑いをつくったかもしれない。反対に、場を和ませようとする議員がいたとしたら、その人は吹き出しそうな衝動を抑えて、できるだけおおらかな笑い声を立てようとしただろう。いずれにせよ、議員たちは自分たちの信念（議長がヘマをした）と欲求（議長をバカにしたい、あるいは議長を助けたい）のありように「たどって」うまく理解できる、意味のわかる笑い方をしようと試みることになる。それが合理的な（つまり、理解可能性をそなえた）行為者としてのふるまいだからである。

自分自身を観客とする即興演技

哲学者のデイヴィッド・ヴェルマンは、このような行為者のふるまいを演技との類比によって捉える。[13]指示にしたがって外形的に身振りをなぞってみせるだけでは、何かを演じることにはならない。すぐれた役者は自分に与えられた役割、置かれた状況にそくして実際にものごとを考え、感情を抱くようになる。そうして、理解しがたい演技を抑制し、理解できる演技を表現しようとする

（これはジェームズ・ディーンやマーロン・ブランドの「メソッド演技法」を典型とする演技の捉え方である）。もう一度「閉会宣言」の事例を考えてみよう。議員が議長の言い間違いに対して侮蔑的な反応を示そうとするとき、彼は与えられた状況にそくして理解できるものになるよう、自分の笑い方を工夫したことになる。このとき、議員はあたかも役者のように笑うことを演じたのである。笑い声が漏れるのではなく、「笑う」ことを反省的に表現するようになる。このとき、議員はあたかも役者のように笑うことを演じたのである。

一見すると行為と演技のあいだには違いもある。行為がなされる現実には必ずしも脚本は与えられておらず、それを見つめる観客もいない。

しかし、ここは演技との類比を柔軟に捉えてみよう。行為を「自分自身を観客とする即興演技」とみなすこともできるのではないだろうか。即興演技にあたっては、役者にあてがわれる役割や、演技がなされる状況に関するおおまかな情報だけが前もって与えられている。その上で、役者は詳細な脚本を持ち合わせていなかったとしても、役割と状況にそくして理解できる行為を見出し、それを的確に表現しようとする。実際、たとえば議長という役割、議会という状況が与えられるとき、議長を務める人に期待されるのはそのような即興演技をやりおおせることである。その人は議長としてなるべく理解できることだけを表現しようと努めるが、ときにはうまくいかないこともある。もし議会の開始早々、「それでは、議会を閉会します」と言ってしまったら、それは当人にとってさえ不可解な台詞となってしまう。このとき、その人は役者が即興演技をしそこねるように、行為をしそこねたのである。

これまでの議論を振り返ろう。制度的信頼を支える合理性として、新たに理解可能性のモデルが導入された。それは自分の行為を理解できるもの、意味のわかるものにしようとする反省的な構えのことを意味している。この合理性の構想が道具的合理性とも道徳的合理性とも異なることに注意したい。道具的な観点からすると、行為者はどのような目的であれ、それを実現するためにふさわしい手段を選び取る。他方、理解可能性の観点からすると、そもそもどのような目的を抱くのがふさわしいかが、行為者の役割や状況にそくして問われなければならない。ただし、だからといって行為のふさわしさが道徳的な観点から評価されるわけでもない。たとえ道徳に反していたり、道徳的に中立的だったりしても、それが理解可能性にかなってさえいれば合理的な行為となりうる。

そしてこのような意味で合理的な行為は、自分自身を観客とする即興演技との類比によって捉えることができる。自分の行為を自分にとって理解できるものにしようとすることは、脚本のない状況にあって、自分自身という観客に対して即興の表現を演じてみせることに等しい。

演技がすれ違うとき

こうして演技との類比に訴えるとき、新たな問いが形をなすだろう。それは相互行為の成り立ちに関わる。これまで考えてきたのは、役者が一人で舞台に立ち、自分だけを相手にするような孤独な即興演技だった。ならば、この舞台にほかの役者も上がればどうなるだろう。複数の行為者がやりとりして関係を結ぶとき、理解可能性としての合理性はどこに認められ、いかにして働くのだろうか。本章の目的が制度的信頼の関係を検討することにある限り、即興演技の類比は一人舞台を超えて、共演の舞台にまで拡張されなければならない。

そこで、まずはこんな構図を思い浮かべてみよう。わたしはわたし自身にとって理解できる行為をおこなおうとする。あなたはあなた自身にとって理解できる行為をおこなおうとする。やりとりはこの二人が向かい合う状況からはじまる。

注意したいのは、わたしにとって理解されるわたしの行為が、あなたにとっても同じように理解されるとは限らないことである。たとえば、次のような「すれ違い」の状況を考えてほしい。

応援の作法：わたしはプロ野球をスタジアムで観戦していて、傘を上下に振ることがある。それはわたしにとって「ひいきのチームを応援したい」という欲求、そして「傘を上下に振ることは応援することを表現する」という信念にたどることができる行為であり、チームが得点するという状況にそくして理解されることになる。ところが、わたしに誘われたはじめてスタジアムを訪れたあなたは、そのチームの応援の作法について何も知らない。あなたはわたしがとつぜん、およそ不可解な身体運動を繰り返しはじめたと思い、あっけにとられてしまう。

仮に一人きりで応援しているなら、わたしはわたし自身にとって理解される行為、意味のわかる行為をおこなっており、その点で十分に合理的である。けれどもあなたという他人がかたわらにいれば、わたしだけの自己理解にとどまるわけにはいかない。わたしの行為はあなたにも向けられており、ひるがえってあなたの行為はわたしにも向け返されるからである。この関係では、わたしもあなたも、「相手はこちらをどのように理解するか」という想定に基づいて行為を繰り出そうとする。そしていずれも、やりとりのなかで自分の行為を不可解なものにしないために、自己理解が相手の理解とすれ違っていないことを望むだろう。「応援の作法」の状況にあって、あなたはわたしが雨乞いをはじめたのだと理解し、天気予報を見せて「大丈夫だよ、明日には雨が降るから」と言ったとしよう。このとき、わたしは「いや、傘を上下するのは雨乞いではなくて、応援をしているんだよ」と返答し、わたしの行為をめぐるあなたの理解を修正しようと試みるだろう。すれ違ったままでは、わたしが雨乞いをしていると思いこんでいるあなたのかたわらで傘を上下し続けることが、わたしにとってさえ不可解なふるまいとなるからである。

もちろん、すれ違ったままでも、複数の行為者のやりとりがなめらかに続いていくことはある。(1) Aは珍しい魚を釣り上げるたび、生きたままBのもとに送り届け、Bはそのつど Aに感謝の意を伝えてきたとしよう。ただし、Aはずっと Bのことをアクアリウムの愛好家と思いこんでいるのだが、実はBは板前でもあって、すばらしい食材を運んできてくれたことにお礼を言っている。運がよければ、二人はすれ違ったまま友情にみちたやりとりを続けることができるかもしれない。(2) また、やりとりにあたって意図的にすれ違いを引き起こそうとすることもあるだろう。たとえばスパイ行為は、自己理解と他人による理解が異なることによってのみ成功する。(1)の場合はコントのように、(2)の場合はサスペンスのように、自他の理解のあいだに「すれ違い」を生み出す。

即興で共演する

したがって、すれ違いによって行為がただちに不可解なもの、不合理なものになるわけではない。

そうではなく、自己理解と他人による理解のすれ違いを解消することは、相互行為において自分の行為を自分にとって理解できるものとするために「一般に」望ましいということに過ぎない。

ここでの望ましさとは道徳的観点ではなく、認知的観点からなされる評価である。複数の行為者が自己理解、他者理解の交錯するなかで自分をできるだけ理解できるものにしようとすれば、それぞれの行為についての理解は行為者のあいだで収束しているほうが無理はない。[14]つまり、認知的なコストが安くつく。この点、前述のスパイ行為には認知的に高いコストが要求されており、相当の無理をしなければやりおおせられない。スパイが職務をまっとうするには、自分の行為をめぐる自己理解と、他人による理解にすれ違いを引き起こしつつ、表面上はそんなすれ違いなど存在しないかのようにふるまう必要がある。しかし、わたしたちの多くはあえてすれ違いを引き起こそうとする動機を持たないし、それを維持するだけの能力もない。だから一般に、行為者はやりとりに際して自分だけでなく、他人にとっても同様に理解できる行為をおこなうことが望ましい。

このことを踏まえて、あらためて行為と演技の類比を考えてみよう。先ほどは理解可能性としての合理性の構想にしたがって、自分自身を観客として即興演技をする役者に行為者をなぞらえたのだった。けれども相互行為の局面に目を転じるとき、行為者は孤独なパントマイムを演じ続けるわけにはいかない。舞台上の共演者と即興のやりとりを交わしながら、他人にも意味のわかる表現を探し求める。

実際、わたしたちはそのような「即興の共演」を日常的に演じているのではないだろうか。社会的な協働とか、分業とか言われるものは、つまるところ各人にあてがわれた役割を演じることで成り立つ。各人がそれぞれの状況、役割にそくして何らかの「ふりをしている」と言ってもいい。社会生活において出会うのは好ましい人ばかりではないし、できれば関わりたくない人もいる。それでも相手のふるまいをその役割にそくして理解することによって、なんとかうまくやっていこうとする。他人のことを理解しようと努めながら、その実、わたしたちはお互いのふるまいを額面どおりに受けとめてはいない。他人にも意味のわかるふるまいをするために、みんなが「ふりをしている」ことに気づいており、しかしそれをあえて口に出すこともなくそれぞれの演技を続けている。

わたしたちがやりとりを交わすとき、このように理解可能性としての合理性をお互いのふるまいに認め合っている。それぞれが演じている役割の向こうに、この意味での合理性を透かし見ている。そうして、自分だけでなく、他人にとっても不可解な行為は抑制され、自他にとって同じように理解できる行為、意味のわかる行為を表現しようとする。こうして即興の共演が実現する。

葬式のためのテンプレート

とはいえ、即興の共演がいつも成功するわけではない。相互理解と同じくらい、誤解も、無知も、衝突もありふれている。とりわけ、なじみのない文化圏に放りこまれたときや、ふだん付き合いのない人々とやりとりするときには、自分にいかなる役割が期待され、どのようにふるまえばいいのか途方に暮れることがある。大工さんには何を差し入れればいいのか。前衛的なパフォーマンスを笑ってよいのか。ラーメン屋ではいつ、どんな文句でトッピングの注文を頼むべきなのか。それぞれの慣習、しきたり、通例といった規範を把握していなければ、わたしたちは不可解な行為をうまく抑制することができず、苦笑いで「すみません、こんなとき、どうすればいいかわからなくて」とつぶやくほかない。

しかし、裏を返せば、相互理解を阻むようにも思われた特殊な慣習、しきたり、通例は、ひとたび把握されてしまえば理解可能性の条件ともなる。それらは制度的環境において相互理解を可能とする「テンプレート」となるだろう。

一例として、葬儀における相互行為を考えてみよう。葬儀、いわゆるお葬式というのはなるべくなら粗相はしたくない集いであり、ほかの参列者から見て不可解なふるまいは抑制しておきたい。どんな服装をして、どれほどの香典を包み、誰から焼香をするべきなのか。これらは大変な難問にも思われるが、幸い、実際にはそれほど頭を悩ませることはない。実際の葬儀は年長の親族、あるいはセレモニースタッフからの「相場はこんなものです」、「供花はここからお選びください」、「黒無地のネクタイを貸しましょうか」といった指令によってつつがなく執りおこなわれる。どうしてそうするのか、と問いかけたところで「みなさんそうなさいます」という答が返ってくるだけだろう。まさに、それが葬儀のテンプレートなのである。参列者はそれらのテンプレートを把握し、その規範にしたがって行為することではじめて意味のわかる、理解できるやりとりを交わすようになる。おおまかなシナリオが即興の共演を支えるように、テンプレートが相互行為における理解可能性をもたらすのである。

テンプレートの規範は、対面的なやりとりにおいてそのつど創出されるものではない。むしろやりとりの外側から、行為者のあいだの相互理解を可能とするように機能する。外側から働きかけるからこそ、対面的な状況では望めないほどの大規模な集団さえ指令することができるだろう（あらかじめテンプレートが周知されていれば、千人が参列する葬儀を執りおこなうことも不可能ではない）。その指令の拘束力は、言語的に表明されることによってより効果的なものとなる。

これらの機能が、前節で提示された「制度の規範」の特徴にあてはまっていることに注意してほしい。それは(1)対面的な相互行為の外側から、(2)言語によって表現され、(3)多くの行為者のふるまいを相互協力的に調整することができる。すなわち、葬儀の作法、交通規則、レストランのマナーといった相互行為のテンプレートは制度の規範に含まれており、これらは大規模かつ流動的な社会状況においてなお、わたしたちの相互行為に理解可能性をもたらしてくれる。理解可能性としての合理性の観点からは、たとえサンクションが伴っていなくても、これらの制度の規範を引き受けることは合理的でありうる。合理的だから、制度の規範に「内的にコミットする」のである。

どうして規範を引き受けようとするのか

これまでの議論をまとめよう。本章は制度的信頼と呼ばれる信頼の層を検討してきた。実際の社会生活において出会うのはさまざまな制度のもと、さまざまに役割を背負った人々である。そんな人々を信頼するために、ことさら面談を重ねたり、人柄を調査したりする必要はない。相手がどのような制度のもと、いかなる役割を演じているのかがわかれば十分である。何らかの規範が制度によって指令されているならば、それが医師の職務規定だろうと、校則だろうと、ルームシェアの暗黙の掟だろうと、ともかくそれらの規範にしたがって相手は行為するだろうという信頼を抱くことができる。その上で、この信頼を可能にしている、根本のところを問いかけてみよう。

「そもそも、どうして制度の規範を引き受けようとするのだろうか」。

いくつかの応答が考えられる。その制度が道徳にかなっているのなら「それを引き受けることが善いことだから」。あるいは、その制度が罰則を伴うのなら「それを引き受けなければひどい目にあうから」。

しかし、こういった答え方では、わたしたちと制度のあいだの結びつきを捉えきれない。たとえ道徳にかなっておらず、かつ罰則を伴っていなかったとしても、それでも制度にしたがって行為しようとすることがわたしたちにはある。その理由こそ、社会生活における信頼関係を支えているのではないだろうか。

このような見通しのもと、本章は理解可能性としての合理性に注目したのだった。平明に表現すれば、それは他人とわかりあうための合理性である。この合理性の構想には三つの要点がある。第一に、わたしたちはこの意味で合理的な行為者であるために、自分のやっていることを自分で理解できなければならない。第二に、合理的な行為者がやりとりを交わすときには、自分のやっていることが自分だけでなく、他人にも理解できなければならない。第三に、制度的環境においてそのような相互理解をなめらかにやってのけるには、お互いの本心をわざわざのぞきこもうとする必要はなく、相手がどのような制度のもと、いかなる規範にしたがっているのかを把握すればいい。

こうして理解可能性としての合理性の構想から、先ほどの問いに答えることができる。

「わたしたちは自分の行為を自他にとって理解できるもの、意味のわかるものにするために、制度の規範を引き受ける」。

記者が盗聴しないのはその人が道徳的だからかもしれないし、不法行為が発覚したときの罰則を恐れるからかもしれない。前者の場合は道徳的合理性、後者の場合は道具的合理性が想定されている。しかし、仮に記者が道徳的にそれほど立派ではなかったとしても、あるいは盗聴がとてもばれそうになかったとしても、なおその人が記者として期待される規範にしたがってふるまおうとすることはある。いわば、記者という役割を演じ切ろうとすることはありうる。このとき、記者は記者としての自分自身の行為を、自他にとって理解できるものとするために制度の規範を引き受けている。「記者は盗聴しないだろう」という制度的信頼は、この理解可能性によって支えられる。

3　制度を作り変える

機械仕掛けのギャルソン

合理的だからこそ、制度の規範を引き受ける。この結論は、しかし、すんなりと受け入れられるものではないかもしれない。むしろ多くの哲学者は、制度の規範を引き受けることに冷淡な反応を示してきた。たとえばデイヴィッド・ブリンクは、法律やエチケットといった制度の規範に拘束力を認めつつ、そこには「権威」が欠けており、それらにしたがって生きることは「合理的な行為者であるための条件ではない」と考える。[15] フィリッパ・フットもまた、制度の規範が道徳の規範と同じように「あることをせよ」という定言的な指令の形式をそなえながら、行為者の利益や欲求から独立して「自動的に理由を与える力」を持っていないことを指摘する。[16] これらの哲学者は社会生活が制度によって成り立っていることを認めつつ、制度のもと、規範を引き受けて生きることに懐疑的な態度を崩さない。

このような懐疑の一類型として、カフェのギャルソンのふるまいをめぐるサルトルの観察を例にとってみよう。サルトルはパリのカフェがお気に入りで、朝から晩まで店内に居座っていた。「シモーヌ・ド・ボーヴォワールと私は、そこを住処にしてしまった。午前九時から正午まではそこで仕事をし、昼食をとりに出かけてから、また二時に戻ってきて、四時までそこで出会う友人たちとおしゃべりをした。そして、八時までまた仕事をするのだった[17]」。

それだけ長いあいだカフェで過ごしていれば、給仕してくれるギャルソンをじっくり観察するだけの時間もあったのだろう。サルトルは『存在と無』において次のように書きつけている。

「彼のあらゆる行為は、わたしたちにはまるでゲームのように見える。彼はひたすら自分の動きを、あたかもそれらの動きが互いに制御し合っている機械仕掛けのようにつなげようとしている[18]」。

ギャルソンはカフェのすみずみまで気を配り、踊るような身のこなしで、周囲と気のきいた会話までやってのける。ふつうならひたすら感服するところだが、サルトルはそこに「過剰なほどの正確さ」を見てとる。過剰な、という表現には棘がある。サルトルは「本来なら」、それほど正確に動けるはずがないと考えているのである。

この考えの背後には、演じられている役割と、演じている行為者についての洞察がある。サルトルからすると、行為者そのものはそれが引き受けるいかなる役割からも区別されうる。だからこそ、さまざまな可能性に開かれている。ある行為者が特定の状況、特定の制度のもとで「たまたま」ギャルソンを演じているとしても、問いつめていけば、ギャルソンで「なければならない」理由は見当たらない。その意味では、役割とそれを演じる行為者のあいだには埋めがたい溝がある。それなのに、サルトルが描写しているギャルソンはそんな溝などまるで存在しないかのようにふるまい、行為者性をギャルソンらしさのなかに埋没させている。それが彼のエレガントな立ちふるまいとはうらはらの、「機械仕掛け」の印象を与えている。ここから「制度の規範を引き受けること」への批判が引き出される。制度にしたがい、その規範に命じられるまま行為することは、みずから行為者性を手放すことに等しい。それは自分自身をロボットにするようなものではないだろうか。

行為者性のありかをめぐって

この批判に対してどのように応じることができるだろうか。これまで本章で論じられてきたことを踏まえれば、ギャルソンの立場から、サルトルに対して次のように言い返すこともできる。「たしかにわたしはギャルソンを巧みに演じられる。でも、この演技のために必要なのはあなたの揶揄する「機械仕掛けの」正確さではない。むしろギャルソンとしての自分に何が期待されていて、何ができるのかをたえず考えなければ、ギャルソンらしくふるまうことはできない」。

仮にこんな応答がなされたとしたら、行為者性をめぐってサルトルとギャルソンの考え方の違いが際立つことだろう。サルトルは行為者性を、それが引き受けるさまざまな役割から区別しようとする。[19] 他方、ギャルソンは役割を演じるというふるまいのただなかに行為者性を想定しようとする。

比喩的に述べてみよう。ギャルソンにとって行為者性とは、役割という衣服をかけられるハンガーのようなものに過ぎない。ただし、それは「考えるハンガー」でもある。それはいつも他人の視線にさらされており、他人にとって理解できるよそおいに整えられていなければならない。だから、与えられるものに黙って袖を通すわけにはいかない。着崩し、つくろい、ときには思い切ってコーディネートを一新しながら、衣服を着こなせるよう工夫する必要がある。

わたしたちは偶然に投げこまれた社会的状況にあって、いかなる制度の規範を引き受け、どのようにふるまうべきなのだろう。機械仕掛けではこの問いに答えることができない。小さなカフェでさえ、身につけなければならないテンプレートは数え切れないほどある。ギャルソンにはそれらにしたがって接客のルール、慣習、エチケットといった規範を熟知するだけでなく、異なる役割の行為者を交えて刻々と変化する店内の状況を読むことが要求される。そして状況に応じて、なるべく理解しがたい行為を抑制し、相互理解を促すような立ちふるまいを心がけなければならない。行為者性とは、このように理解可能性に導かれた目まぐるしいほどの工夫、調整、反省の過程に見出されるのである(もしかするとサルトルも、あといくらかの注意を払えばギャルソンが微細ではあるが、豊かな表現力をもって自分の演技を変化させていることに気づいたかもしれない)。

他人を見きわめようとして、わたしたちはときに演技の向こうにあるものを追い求める。それはカフェにあって、ギャルソンとしてのふるまいの奥に「本来の行為者」を透かし見ようとするくわだてに等しい。けれども行為者性とか合理性とか呼ばれるものが演技の向こうではなく、演技そのものに溶けこんでいるとすればどうだろうか。このとき、わたしたちは他人がいかなる制度のもと、どのように役割を演じているのかを考え、その演技の細部に目を凝らすほかはない。本章が制度的信頼と呼ぶ態度は、そのような表現と解釈の複雑な相互作用にも認められるはずである。

「はじめに制度ありき」なのか

しかし、これですべてが解決するわけではない。なるほど、あたかも役者がシナリオにしたがって演技するように、行為者は制度の規範にしたがって行為するとしよう。そこにはまた、理解可能性としての合理性が発揮されているとしよう。とすると新たな疑問が浮かぶ。相互理解に至るためには、あたかも事前にシナリオが役者に配布されるように、「あらかじめ」制度の規範が行為者に共有されていなければならないのだろうか。

行為者のあいだにあらかじめ制度の規範が共有されること。その内実は、かつて社会学者のタルコット・パーソンズが示唆した「制度的統合」の構想にそくして整理することができるだろう。盛山和夫によれば、制度的統合においては規範に次のような機能が要求されることになる。[20]

制度的統合

(a) ある行為者が、他者の期待を正しく推定することを保証する。
(b) その行為者が、その期待にそって行為を行うことを保証する。
(c) それら期待と行為の組が、当該のペアの外に存在する他の行為や期待や規範と矛盾しない。

たとえば、わたしが学生時代にアルバイトをしていた学習塾では、生徒がひたすら配布された問題集を解き、質問があれば教室後方に控えた教師に質問するという時間があった。この授業ではお互いがわざわざ心を読み合わなくても、教師の側は生徒が指示にしたがって問題集に取り組むこと、生徒の側は教師が適切に質問に応答することを期待する。これらの期待、そして役割にそった行為は、学習塾のカリキュラムや指導要綱といった基本ルールや、教師と生徒の役割分担をめぐる規範に支えられている。しかも、学習塾の規範は教育をめぐる社会通念や、地域社会の価値体系からも逸脱してはいない。これらの制度の規範が矛盾なく体系的に結びつき、教師と生徒の双方にあらかじめ受け入れられているから、学習指導がとどこおりなく遂行される。

他方、このような制度的統合の前提には異論も寄せられる。盛山は次のように指摘する。

問題となるのは〔…〕、このような「制度的統合」のイメージがきわめて全体論的になっていることである。諸役割が有機的に結びつけられた体系がまず存在し、それに人々が従っているというイメージである。パーソンズは一応、こうした体系が諸個人の「利益」と一致することが安定的秩序の要件であると断っているけれども、この秩序は、諸個人によって自発的に作られたものというよりも、彼らに対してすでに外部的に確立されたもの、という色彩が強い。[21]

パーソンズ的な制度的統合とは、すみずみまで張りめぐらされた制度のネットワークを介して相互行為が安定するという構想である。しかし、この構想には制度を考える上でいくつかの問題を抱えることになる。第一に、盛山が示唆するように、それは制度の影響下にある行為者の「自発性」や「主体性」を看過してしまう。たしかに、わたしたちはサルトルの洞察を捉え返すことによって、たとえ既存の制度にしたがったとしても、そこには合理的な行為者性が発揮されうることを示しはした。けれども、このことを認めるとしても第二の問題が帰結する。それは、行為者を取り巻く制度を「すでに外部的に確立されたもの」とみなすことで、制度の生成、あるいは制度の変化を説明できなくなるという問題である。制度的統合の構想は、制度のダイナミズムを見落としてしまう。

制度が変容するとき

では、制度的信頼は「すでに外部的に確立された」制度のネットワークを前提するのだろうか。必ずしもそうではない。合理的な行為を即興の演技になぞらえたことを思い出してほしい。もう一度、演技の類比にそくして考えてみよう。制度的統合の構想によれば、合理的な行為がなされるために、すなわち即興の演技がなされるために、前もってその役割が指定されたシナリオが役者に与えられる必要がある。シナリオの内容はあらかじめ出来上がっており、そこに役者の関与する余地は残されていない。

他方、制度的信頼が成立するためには、詳細にわたるシナリオが事前に配布されている必要はない。このことはシナリオにない状況、つまり、行為者が思いがけない出来事に直面する状況を考えればわかりやすい[22]。たとえば先ほど例に挙げた学習塾では、時間内に問題集を終えてしまった生徒がほかの生徒の質問に答えてしまうことがあった。これは生徒の質問に対応するのは教師の役割だという、あらかじめ確立されていた学習塾の規範からの明らかな逸脱にあたる。ところが、その逸脱ははじめのうちは戸惑いを引き起こしたものの、その場に居合わせた教師にとって、あるいはほかの生徒にとって、必ずしも規範に対する裏切りとはみなされなかった。それどころか生徒同士が教え合う、というふるまいは新たな慣習として学習塾の制度に定着することになった。このとき、学習塾という共演の舞台において、生徒がその役割をみずから押し広げるような演技を「即興で」表現したことになる。

しかし、どうしてこのような即興の演技は裏切りとみなされなかったのだろうか。それは、この学習塾における制度的信頼は「生徒はひたすら問題集を解くだろう」とか「教師は質問に答えるだろう」といった「あらかじめ」確立された規範にしたがってのみ成り立つものではないからである。むしろ個別的な制度的信頼が成立するための条件の一つとして、お互いがそのつどの状況にそくして自分の行為を理解できるもの、意味のわかるものにするだろうという一般的な期待がある。理解可能性は行為者の一階の動機に対する二階の制約として機能する、と言ってもいい。お互いがそのような合理的制約のもとに行為すると期待できれば、一見すると不可解に思われる行為さえ（生徒がほかの生徒に教える）ある状況のもと、理解可能性をいっそう向上させるような行為として捉え直される（学習塾において、生徒同士が学び合う）。このとき制度のネットワークは組み直され、その内容は「すでに外部的に確立されたもの」ではなく、内部からの改変に開かれるものとなるだろう。

わたしたちは相互行為における理解可能性をもたらすために、制度の規範をテンプレートのように使いこなす可能性について検討してきた。しかし、それは合理的な行為者がみずからを取り巻く制度に対してつねに保守的であることを意味していない。たとえば、ある特定の時代、特定の地域の葬儀には、共同体の規範として「食事は女性が用意する」という慣習が含まれるとしよう。それは「目立たない服装をする」、「棺には花をたむける」といった規範と同じように、葬儀における相互理解を可能にするだけの機能を（かつては）有していた。だが、ひとたびジェンダー平等の規範が意識されるようになると、もはや「食事は女性が用意する」ことは参列者の多くにとって不可解なふるまいとして受けとめられるだろう。この旧態の規範を引き受けることで、かえって理解可能性は損なわれてしまう。

この場合、理解可能性のもたらす合理的圧力によって、葬儀のテンプレートが改変される余地がある。というのも、制度的に改変された葬儀は参列者の多くにとってより理解しやすい、意味のわかるものとなり、参列者同士のいっそうなめらかな共演が実現するだろうからである。こういった制度の変化は、もちろん葬儀の事例にとどまらない。一般に、ある性別だけ、ある人種だけ、ある民族だけといった例外的な但し書きをそなえた制度の規範はほかの規範とうまく整合せず、それゆえ理不尽な、不可解な規範として制度下にある行為者から棄却される可能性がある。このように制度は不変のものではなく、理解可能性としての合理性の観点から改変されうるものなのである。

制度の限界

制度的信頼とは「「相手は特定の制度の規範に内的にコミットして行為するだろう」という肯定

的な期待」である。本章ではこのような信頼の捉え方に対して予想される反論を二つ取り上げ、それらに再反論を加えてきた。一つは行為者性の論点（制度の規範にしたがってふるまうことは行為者性の放棄を意味するのではないか）、もう一つは制度的統合の論点である（制度のネットワークが行為者の外部に「あらかじめ」確立されていなければ制度的信頼は成立しないのではないか）。最後に、「規範の範囲」にも言及しておこう。この論点は次章で詳細に検討されることになる。しかし結論を先取りすると、規範の範囲の問題は前述の二つの論点とは異なり、制度的信頼の限界を指し示すことになるだろう。

問題の所在は相対的に閉鎖的な共同体、たとえばマフィア社会を考えればわかりやすい。マフィア社会にはその共同体内部に共有される特殊な規範、いわばマフィアの掟が存在する。マフィアの構成員たちはこの掟を把握し、それにしたがって行為することで理解可能なやりとりを交わすことができるだろう。それはマフィアとしてふるまうためのテンプレートだから、懲罰が伴われていなくても（抜け道があっても）実効化される余地がある。相手がどこからやってきて、どう感じ、何をたくらんでいるのかは知らない。しかし誰であれ、マフィアとして生きるつもりなら引き受けるはずの掟がある。ここに、マフィア社会における制度的信頼の関係が成立する。繰り返し述べるならば、理解可能性としての合理性の構想は道具的合理性とは異なる。したがって理解可能性の観点からは、制度的信頼を裏切ったほうが道具的には合理的な状況（つまり、裏切ったほうがより多くの自己利益が見込まれる状況）においてさえ、あえて裏切らないことが合理的とみなされることがある。「命を落としても、仲間の仇を討つ」といった掟にしたがって行為することが、ときにはマフィアとして理解可能な、それゆえ合理的なふるまいとなるのである。こうして、マフィア社会ではマフィアの掟を介して相互協力的な秩序が実現するだろう。

他方、当然のことながら、この秩序が及ぶのはマフィア社会の内部にとどまる。外部の市民にとっては、マフィアの掟にしたがったふるまい（暴力的な私的制裁、極度に儀礼化された所作、擬似家族的な連帯、末端の構成員を犠牲にして遂行される復讐）の多くは理解しがたく、市民社会にとっての脅威ですらある。このとき、マフィアと市民のあいだの「即興の共演」は失敗し、信頼関係どころか、相互不信が帰結することにもなるだろう。

それほど極端な事例でなくてもいい。記者であれ、医師であれ、詩人であれ、それぞれの制度の規範の妥当する範囲は多かれ少なかれ、ローカルであることを免れられない。ひとたび制度の外に出れば、その規範にしたがった行為は理解できるもの、意味のわかるものになるとは限らない。ここに制度的信頼の限界がある。制度に支えられる信頼は、制度の射程を超えることができない。

以上の議論を踏まえ、制度的信頼の定義、秩序形成の機能、さらにはその限界をまとめておこう。

制度的信頼：不確実な状況において何らかのことがらに関して抱かれる、「相手は特定の制度の規範に内的にコミットして行為するだろう」という肯定的な期待。「内的なコミットメント」とは、何かに強いられなくても、みずからその規範を引き受けようとする態度を意味する。

制度的信頼の力：わたしたちは社会生活において、さまざまな制度の規範を引き受けることによって自分自身を理解可能なものとする。この理解可能性の観点からは、裏切ったほうが自己利益にかなうとしても、制度的信頼に応えること（裏切らないこと）が合理的でありうる。

制度的信頼の限界：ただし、だからといって、どんな制度的信頼にも応えなければならないわけではない。なぜなら多くの場合、わたしたちが引き受ける制度の規範は特定の領域に限られており、その領域の範囲にしたがって、制度的信頼もまた限定されざるをえないからである。

最後の「制度的信頼の限界」に注意しよう。この限界は、信頼を支える制度の規範がローカルなものにとどまることに起因するのだった。ならば、その妥当範囲が限られてはいない、グローバルな規範はありうるだろうか。どのような社会状況であれ、いかなる役割を演じるのであれ、わたしたちの行為を制約するような規範はありうるだろうか。あるとすれば、それは「道徳的」と形容される規範の候補となるだろう。

次章では第一章から第三章の成果を踏まえた上で、信頼と道徳の関係にも踏み入ることになる。

第四章　裏切らない理由を求めて
――信頼の多層構造

どうすれば信頼関係を深められるのか。誰もが直面するはずの問いだが、すぐに答えられるわけではなく、ときには途方に暮れることもある。関係を結ぶ相手とのあいだに不均衡、非対称、不協和がある場合にはなおさら難しい。

介助関係を考えてみよう。介助する側と介助される側の関係は現在でも平坦ではない。かつて介助される側が苛烈な差別をこうむっていた状況では、不信が払拭できず、介助する側に信頼をさし向けることがためらわれることもあった。そこで、あえて両者のあいだに「葛藤」を引き起こして状況の打開をはかったのが、一九五〇年代後半の結成以来、先鋭的な障害者運動を展開してきた「青い芝の会」だった。一九七〇年代、この会を牽引した横塚晃一は次のように述べている。

私達はこれらの健全者組織と青い芝の会との関係を「やってやる」「理解していただく」とい

うような今までの障害者と健全者との関係ではなく、むしろ敵対する関係の中でしのぎをけずりあい、しかもその中に障害者対健全者の新しい関係を求めて葛藤を続けていくべきものと位置づけてきました[01]。

この発言では介助する側と介助される側、あるいは「健全者」と「障害者」が敵対関係を結ぶべきことが主張される。そこには現状の社会を「健全者社会」とみなした上で、それを「障害者」の「強烈な自己主張」によって変革しようとする青い芝の会の理念を見てとることもできるだろう。ただ、その関係は憎悪に満ちたものでも闘争に尽きるものでもない。横塚は自身の「葛藤」の表現として制作したドキュメンタリー映画、「さようならＣＰ」（原一男監督、一九七二年）の上映討論会において次のように語りかける。

ただお互いの違うところを認め合った時、初めて本当の人間関係が出てくるだろう。で、それは片方は障害者であり、片方は健全者であるということではなくて、そういったものを乗り越えた、まあ私はそこで私とあなたの関係と言うわけだけど、そういった全く個人的なつきあい、そういった中から出てくるのであって、そしていわゆるボランティアというような人達がおりますけれどもああいう人達の場合、どうも片方は障害者として障害者を扱ってやるのだというう形でしかありえない。そうでなくて私とあなたの関係、それはいわゆる友達というか、きょうは一杯やるかというような関係、そういったものを作っていかなければならない[02]。

横塚が目指していたのはただの敵対関係ではないが、かといって一方が他方の介助に専心する「ケアの関係」とも、一方が他方の上位に立って支配する「手足の関係」とも異なる。「きょうは一杯やるかというような関係」、すなわち対等かつ双方向的な関係である。

この関係を信頼関係と呼ぶなら、横塚の残した言葉は信頼を考えるためのいくつかの手がかりを与えてくれる。一つは、信頼関係を深めるには対等なやりとりが不可欠であること。介助関係、とりわけかつての障害者福祉のように介助する側と介助される側の関係が不均衡に傾く状況では、あえて葛藤をつくり、それによって対等を実現しなければならないことを横塚は繰り返し訴えていた。「敵対する関係」と「きょうは一杯やるかというような関係」は一見すると矛盾するように思われるが、前者が後者を支え、準備することがある。

もう一つは、信頼関係は多層的な構造をそなえていること。介助関係は「健全者組織」と「障害者」の関係にそくして理解されることもあるが、場合によっては「私とあなたの関係」ともなりうる。これもやはり、矛盾をきたすように思われて、実のところそうではない。おそらく横塚は、介助者をときには何らかの社会的役割を背負った組織人として、ときには役割や制度から離れて、自分と感情を交わす一人の生身の人間として捉えたのではないだろうか。信頼関係は制度の次元、感情の次元にまたがって多層的に深められるのである。

本章はこれら二つの論点、(1) 信頼関係の対等な成り立ちと(2) この関係の多層的な構造を検討することを目的とする。そのためには第一章から第三章にかけて考察された信頼の理論を総動員する必要があるだろう。そして対等かつ多層的に深められる信頼関係の醸成過程が明らかにされるとき、本書の全体をつらぬく問い、すなわち「信頼とは何か」、「どうして信頼が社会秩序を支えることができるのだろうか」という二つの問いに答えることができるはずである。

1　どうすれば信頼関係を深められるのか

信頼を解きほぐす

まずは本章に至るまでの検討の成果を振り返ろう。認知的信頼、感情的信頼、制度的信頼と名づけられた信頼の三つのタイプは、それぞれ次のような態度として要約することができる。

認知的信頼：不確実な状況において何らかのことがらに関して抱かれる、「相手はこちらの利益にかなうように行為するだろう」という肯定的な期待。自己利益を追求する合理的な行為者は、相手が自分にとって信頼に値することを「認知」することによってこのような期待を抱く。

感情的信頼：不確実な状況において何らかのことがらに関して抱かれる、「相手は善意によって自分のために行為するだろう」という肯定的な期待。この期待は善意に向けられた感情的態度としての「楽観」であり、頼っている自分に相手は応えてくれるだろうという期待も伴う。

制度的信頼：不確実な状況において何らかのことがらに関して抱かれる、「相手は特定の制度の規範に内的にコミットして行為するだろう」という肯定的な期待。「内的なコミットメント」とは、何かに強いられなくても、みずからその規範を引き受けようとする態度を意味する。

これまでは三つのタイプをそれぞれ独立に考察してきた。それは信頼という態度をいったんは分解して、その構成要素を一つずつ点検するためである。

信頼のありようは一様ではない。ある局面では、誰かにじっと見つめられるだけで感情が動かされ、なかば無意識のうちに信頼に誘われる。しかし別の局面では、自分の感情はいぶかしがり、疑っているのに、相手の役割や肩書きを介して信頼に繋ぎとめられることもある。従来の信頼研究では、これほど多様な仕方で抱かれる信頼を整合的に説明することが難しく、認知的理論と感情的理論、あるいは対面的アプローチと制度的アプローチのあいだに深刻な対立が生じてきた。しかし、右のように信頼を認知、感情、制度という複数の次元に解きほぐしてやれば、さまざまな文脈にあってさまざまに抱かれる信頼を柔軟に説明することができる。一見、相反するようにも思われた複数のアプローチが、信頼と呼ばれるものを「多元的に」捉えることによって和解に至る。

他方、現実の人間関係に目をやれば、異なる信頼のタイプが「多層的に」積み重なることも珍しくない。前述の介助関係を例にとってみよう。介助する側、介助される側の期待と応答のやりとりによって介助関係は成り立つ。考えようによっては、この関係は徹底して認知的信頼の関係である。介助される側は福祉サービスの消費者として「介助する側はこちらの利益にかなうように行為するだろう」という期待を抱き、介助する側はサービスの供給者としてその期待に応答する。どちらの側もビジネスライクに自己利益を追求しており、信頼関係が結ばれるとき、介助する側はあたかも介助される側の「道具」のように、「手足」のようにその目的を実現しようとするだろう[03]。

しかし、たいていの介助関係には認知的信頼の関係以上のものも含まれている。しばしば言及されるのは感情的交流である。

たとえば食事の介助を思い浮かべてほしい。誰であれ、食事のやり方はおおまかには定まっているかもしれないが、細かな手順はその日の体調、料理の内容、食器の形状などに左右されることになる。食べることに関して何らかの障害をこうむっている場合、マニュアルどおりの対応では十分な介助には至らない。言葉による指示がなされるとも限らない。介助される側はどのような順番で、何を、どれほど食べたいのかを表情や身振りといった身体的表現の「しるし」を介して伝え、介助する側は「しるし」を読み解きながら相手の思いに応えようとする。誤解のおそれはあっても、それでも相手は自分の思いを汲んでくれるだろうという期待、「相手は善意によって自分のために行為するだろう」という楽観が介助関係を持続させる。これは感情的信頼として特徴づけられた関係にあたる。

したがって、介助し、介助されるやりとりにおいて信頼関係が結ばれるとき、それは認知的信頼の関係にはとどまらない。多くの場合、対面的な介助においては感情的信頼の層も関与する。

制度が感情を支える

さらにもう一層が加わる。介助する側は生身の人間であるだけでなく、何らかの組織に属し、契約を結び、役割を引き受ける主体でもある。介助される側はそのような主体に対して「相手は特定の制度の規範に内的にコミットして行為するだろう」という期待、すなわち制度的信頼を抱くことができるだろう。

制度的信頼と感情的信頼は必ずしも対立しない。二つのタイプの信頼は両立するばかりか、一方が他方を支えることもある。さしあたって、感情的信頼だけで介助がおこなわれると仮想してほしい。感情的信頼の関係においては、豊かではあるが、ときに複雑をきわめる身体的表現を解釈し、それらに応答しなければならない。それは簡単にやってのけられることではないだろう。このことは表現にせよ解釈にせよ、一種の「技法」が要求されることを考えればわかる。介助するためには、介助される側の移動、食事、着替え、体位変換といった基本動作を補助するだけでなく、相手がいま、どのように感じ、何を訴えているのかを細かなやりとりのなかで解釈する必要がある。たとえ解釈の技法をそれなりに身につけたとしても、それをいつも安定して発揮できるとは限らない。介助される側は苦しみや苛立ちを抱えていることもある。介助する側は相手の痛みに根ざした表現を解釈し、その感情に自分自身を重ね合わせることを期待されるかもしれない。

これは過大な負担ともなるだろう。[04] 介助のように切実なニーズが問われるやりとりでは、お互いの表現に目を凝らし、その感情に配慮しようとする専心的な態度が期待される。また、一時の心配りだけでなく、ある程度の期間にわたって付き合いを続けなければならない。この要求に応えることは容易ではない。

その点、制度は感情の負担を軽減してくれる。まずもって制度的信頼の関係を結ぶには、特定の行為の領域において自分に課せられる制度はいかなるもので、どのようにふるまえばその規範にかなっているのかを考えなければならない。それには感情的信頼の関係と同様、それなりの手間も労力もかかる。ただ、ひとたび制度の規範をわきまえ、ふるまいかたの「コツ」や「型」を身につけることができれば、制度的信頼の関係に入っていくことは必ずしも難しくない。介助の領域に関して言えば、一般に期待されるだけの「介助者」の役割を演じられるようになるということである。

そして、制度的信頼を深めることは介助される側にとっても少なからぬ意義がある。第一に、信頼に値する介助者を探し出して関係を結ぶための時間的、経済的、精神的コストを大幅に縮減することができる。「その施設の職員であれば」、「その規則を受け入れているのならば」、誰であれ一定の信頼をおけるという状況が制度的に保証されるからである。第二に、そのような状況では、同じ制度のもとにある複数の介助者に信頼関係を開いていくこともできる。つまり、ある特定の介助者とそりが合わなくても、別の人に介助してもらうことも可能となる。それは依存先を一人か二人の少数に限ることなく、福祉の制度に支えられた広いネットワークのなかに介助者との関係を安定させることになるだろう[05]。

このやり方では、対面的な状況において人々を結びつけていた感情的交流が失われてしまい、味気ない、冷ややかなやりとりだけが帰結するように思われるかもしれない。だが、制度の規範を引き受け、それにしたがって行為することは感情を捨てることを必ずしも意味しない。それどころか感情を支えることさえある。たとえば、わたしが訪れたある福祉施設では「敬語を使って話そう」という慣習的規範が成り立っていた。この制度の規範にしたがって敬意を伝えることは、なるほど儀礼的に調整された感情表現であって、個別的状況に根ざした「かけがえのない」、「ひたむきな」専心的態度とは言えないかもしれない。しかしこの施設では、こうした感情表現を制度的に保証することで、一対一の関係では（相性の悪さゆえに、あるいは疲労ゆえに）損なわれかねない相互尊重のコミュニケーションを長期にわたって持続させることに成功していた。「敬語を使って話そう」という規範をともに引き受けることで、誰しもに「自分には最低限の敬意が払われるだろう」という信頼が抱かれる。この場合、信頼関係における制度の層が感情の層を支えているのである。

感情が制度を支える

反対に、感情の層が制度の層を支えることもある。それは信頼関係を結ぶ主体の自己理解に関わる。この点について哲学者のアネット・バイアーは、ヒュームの次のような観察に注意を促す。

人々の精神は互いに対する鏡である。それは、精神が互いの情動を映すからだけでなく、こうした情念や気持ちや意見の光線が何度も反射され、気づかれないほどわずかな程度で弱まっていく場合があるからでもある。[06]

想定されているのは感情的交流の局面である。わたしたちは表現に託して自分の感情を伝え、表現を紐解いて相手の感情を再生しようとする。感情的信頼の関係においては、そのようにして把握された相手の感情にみずから応えようともするだろう。

感情のやりとりを交わすうち、相手のことが少しずつわかるようになる。バイアーによれば、それだけではなく、交流によって自分自身のこともわかるようになるという。彼女は「人々の精神は互いに対する鏡である」というヒュームの主張を発展させて、「人間の精神だけが「互いに対する鏡」となるのではなく、その精神の表現が、表現を担う目、手、胸、そして声が、わたしたちに鏡を与えてくれる」と述べる。[07]「鏡」とはすなわち、自分自身のありようを指し示す他人の身体的表現である。

こうして浮かび上がる自分の姿は、さまざまな制度の規範を引き受ける「役割を担った主体」でもある。身体に障害をこうむった人が衣服に袖を通すため、誰かに向かって片腕を持ち上げてみせるなら、その所作はその誰かにとって、自分がほかならぬ介助者であることを明らかにする鏡となるだろう。歯切れのいい発音、大仰な敬礼、するどい目つきの交錯は、お互いが軍人であることを投映し合う表現の応酬にほかならない。指名され、立ち上がった学生が不自然なほど丁寧な言葉づかいをしたり、こわばった笑みを浮かべたりしたら、それらの表現はいわば、抑圧的な教師を映し出す鏡のばらばらな破片である。いずれにせよ、感情的交流は「わたし」の輪郭を定めることに貢献する。感情的信頼が持続するとき、相互表現によって介助者としての、軍人としての、教師としての「わたし」の自己理解も深められる。

第三章において、制度の規範を引き受ける行為者を即興演技の役者になぞらえたことを思い出してほしい。制度的信頼に応えられるのは、何らかの役割を巧みに演じ分けることのできる役者のような行為者である。ただ、哲学者のデイヴィッド・ヴェルマンによるこのアナロジーには違和感もある。文字どおり役者であれば、舞台に上がる前に独り修練を重ねることもできるかもしれないが、現実はそのような舞台裏は存在しないからである。いやおうなく、わたしたちは相互表現のただなかに放り出される。生まれながらにして介助者、軍人、教師である人はいない。誰であれ「役割を担った主体」に「なる」ほかはない。どこかで介助者としての、軍人としての、教師としての「わたし」自身を見出すのである。こうした自己理解の深まりが、相互表現を介した感情的交流によって促されることをヒュームの（そしてバイアーの）洞察は示唆している。感情的信頼の関係は行為者の自己理解に寄与することで制度的信頼の関係を準備する。そうまとめることもできるだろう。

裏切りの誘惑

以上、わたしたちは第一章から第三章の検討の成果を振り返りながら、信頼関係が深められる具体的な過程を示してきた。ここに至って、本書全体をつらぬく二つの問いに立ち戻ってみよう。一つは信頼の内実をめぐる問い、もう一つは信頼の機能をめぐる問いである。

このうち、前者の問い（信頼とは何か）にはこれまでの成果をもって答えることができる。信頼は一枚岩の態度ではなく、何らかの必要十分条件を与えることで明確に定義できるものでもない。それはさまざまな期待から成り立つ多層的な態度であって、わたしたちはその多層性を認知、感情、制度という三つの層にそくして明らかにしてきた。

さらに本章では、信頼関係が深められる過程を考察することによって、後者の問い（どうして信頼が社会秩序を支えることができるのか）にも挑んできた。何らかの期待が抱かれ、それに応えるという双方向的なやりとりはいつもうまくいくとは限らない。それでも、信頼のそれぞれの層が複合的に支え合うことで相互行為は安定し、信頼関係は深められる。そして信頼関係が維持される限り、関係を結ぶ行為者のあいだに相互協力的な秩序が実現するだろう。そのような関係の一例として介助関係を取り上げ、感情が制度を支え、制度が感情を支える相互作用の過程にも注意を払ってきた。

しかし残念ながら、後者の問いに対しては現時点で不十分な回答しか与えられていない。たとえ信頼関係を深めたところで、それが維持されるとは限らないからである。むしろ信頼関係が醸成され、その関係が確かなものになるとき、それを裏切る理由もまた与えられるのではないだろうか。

このような懐疑の支点となるのは感情的信頼でも制度的信頼でもない、もう一つの層である認知的信頼である。この立場によれば、わたしたちが信頼関係を結ぶために最低限要求されるのは、お互いが自己利益を道具的に追求しているという道具的合理性の想定である。この意味で合理的である限り、相手が腹の底では何を考えているのかわからなくても、「協力すれば損はしない」、「どちらも儲かる」、それさえわかれば信頼に踏み出すことができる。すなわち「相手はこちらの利益にかなうように行為するだろう」という認知的信頼を双方が抱き、それぞれが期待に応えようとする。

ところが、この考え方は信頼関係の成立とともに、その破綻も説明してしまう。なぜなら、わたしが自己利益を道具的に追求するのなら、裏切ったほうが多くの自己利益が見込まれる場合、もはやそれをためらう理由が見当たらないからである。先ほどはヒュームの観察に注目したが、ここではホッブズの洞察が効いている。ホッブズが述べるように、人間は自然状態においてさえ「一時的には」結託できるかもしれない。だが、結託したパートナーを倒せばわたしだけが利益を総取りすることができるとすればどうだろうか。この場合、相手が背を向けた途端に襲いかかるのが「合理的」である。

したがって、信頼に応え、信頼関係を深めることが「わたし」にとっていつも望ましいとは限らない。反対に、深められた信頼関係をあえて裏切るべき状況がありうることになる。しかし、このことを認めると「わたし」を含む「社会」にとってまずいことになりかねない。わたしたちがみな、道具的に合理的であると想定しよう。そんな社会では、ひとたび信頼関係を結んだとしても、それぞれにとっての「ここぞのタイミング」で信頼関係があっけなく裏切られるかもしれない。そのリスクを承知で信頼関係を深めようとする人がどれほどいるだろうか。人々のあいだには根深い不信が蔓延して、相互協力的な秩序は実現しないのではないだろうか。

これは、信頼関係から社会秩序がもたらされるという本書の見通しに対する強力な懐疑である。

懐疑を和らげる

この懐疑に対しては、次のように応じることができる。

「心配するな、わたしたちの結ぶ信頼関係はそれほど簡単には揺るがされない」。

どうしてそんなことが言えるのだろうか。

それは、信頼関係には自然的な基盤がそなわっているからである。この基盤は認知的な層よりもむしろ、感情的な層の信頼関係を支えることになる。たとえば、第二章において検討された感情的信頼のシグナリング機能を振り返ってみよう。[08] 信頼関係は信頼を抱き、それに応えるという相互行為から成り立つ。このとき、信頼される側は誰かから寄せられる信頼に応えるだけではなく、自分が信頼に応える傾向をそなえていることを周囲に伝えることもできる（この協力的な傾向はしばしば「善意」という言葉でくくられる）。典型的には表情や身振りといった身体的表現がそのためのシグナルとして発せられ、それらが信頼する側の想像力によって読み解かれる。こうして、身体や想像力といった人間の自然本性に根ざしたメカニズムを介して、「相手は善意によって自分のために行為するだろう」という楽観、すなわち感情的信頼が抱かれる。

もちろん、誘発されるのは楽観に過ぎないのだから、その根拠は不十分である。一般的にはシグナリングに関して「ふりをする」ことは難しいかもしれないが、それでも善意はときに偽装され、手ひどく裏切られることはあるだろう。

しかし、根拠を求めて他人の心を読み切ろうとしないからこそ、わたしたちは見知らぬ他人とさえ信頼関係を結ぶことができる。第二章ではこのことを二重の偶発性の問題にそくして考察した。相互行為においてはこちらの行為選択があちらの行為選択に依存し、あちらの行為選択もこちらの行為選択に依存してしまい、個人の合理性は合わせ鏡のような推論のなかに（理屈の上では）迷いこむ。このような堂々めぐりを楽観は突破するだろう。どうしてその相手を信頼するのかと問われても、楽観する人はうまく答えられるとは限らない。推論から独立して「なんとなく」抱かれるのが感情的信頼であり、楽観を寄せられる側も「いつのまにか」それに応えるよう動機づけられる。こうして結ばれる感情的信頼の関係において、相互協力的なふるまいは気づけば実現して「しまって」いる。

ここから、前述の懐疑に応答がなされる。「いつのまにか」わたしたちの多くが「なんとなく」実現させて「しまって」いることに関しては、その正当化がなされていなかったとしても気に病むことはない。わたしたちのふるまいは自然本性にしたがって方向づけられ、習慣によっておおむね安定している。誰もが、すきあらば裏切りの機会を嗅ぎまわるような状況は現実離れした思弁に過ぎない。だから「心配するな、わたしたちの信頼関係はそれほど簡単には揺るがされない」。

2　「それでも裏切らない理由」を与える

自然本性に抗うことはできるか

しかし、この応答では懐疑を押しとどめることはできない。

なるほど、感情的信頼の関係を結ぶことには自然的な基礎があり、それによって相互協力的なふるまいが促されることもある。見知らぬ他人とさえ協力することが祖先にとって生き残るために重要だったとすれば、このふるまいに進化論的な説明を与えることもできるかもしれない。[09]

ただ、これらを認めるとしても、「だからこそ裏切るべきだ」という道具的合理性の要求が消え去ることはない。この要求はいつも意識されるわけではなく、自己利益と、相互協力のあいだのギャップに気づいたときに迫ってくる。裏切りにはたいてい罰則や報復のリスクがつきものだから、それほど割に合うふるまいとは言えない。他人の信頼に応え、互恵的な関係にとどまったほうが得することも多いだろう。けれども、まるで不利益をこうむることなく裏切りをやってのけることができ、しかも、協力した場合よりも多くの自己利益が見込まれるとすればどうだろう。それでも裏切らない理由はあるだろうか。

こう言えば、「やはり心配することはない。わたしたちの人間本性が裏切りを踏みとどまらせるだろう」と言われるかもしれない。

しかし、この主張には説得力が乏しい。なぜなら、他人の善意を楽観したり、その楽観に応えたりする自然的な傾向は抑制することが不可能ではないからである。一般に、何らかの目的を達成するためにあえて進化的に「深い」傾向を抑えこむことは珍しいことではない。たとえば腐敗産物や死体に対する人間の忌避反応は、病気の感染を防ぎ、安全に栄養を摂取するために進化の過程で獲得された傾向であると考えられる。ただ、かといってこの傾向がわたしたちを完全に支配することはない。料理人は発酵食品の腐敗臭を味わい、病理医は平常心を保ったまま死体の一部を切断することができる。このような抑制の力は協力的な傾向に関しても変わらない。人間でなくても、一例としてチンパンジーは食料源を発見したときに特定の叫び声をあげる傾向がある。発声は食料のありかを周囲に知らしめ、その独占をほかの個体に妨げられるリスクを伴うのだから、これは協力的な傾向と言えるだろう。だが霊長類学者のジェーン・グドールの報告によれば、あるチンパンジーは発声の帰結を理解し、それをみずから抑えこもうとした。[10] すなわち、隠されていたバナナを見つけ、いつもどおり叫び声をあげたそのチンパンジーは、同時に自分の口を手でふさごうとしたという。[11]

これらの事例が教えてくれるのは、協力的な傾向が自然的な基盤を有するからといって、わたしたち人間が（チンパンジーでさえ）その忠実な操り人形になるとは限らないことである。そうした傾向は進化の歴史のある段階において生存に貢献したとしても、ひとたび自己利益を効果的に追求するだけの認知能力が獲得されたならば、思い切って無視するべきではないだろうか。手で自分の口をふさいだチンパンジーのように、あえて信頼を裏切るべき状況はあるのではないか。

いや、信頼関係を結ぶことは結果的に自己利益にかなうだろうから、信頼を裏切るべきではない、という反論はありうる。長期的には信頼に基づく互恵的な関係から多くの自己利益が見込まれることを主張し、その道具的な追求に訴えることによって裏切らない理由を与えようとする試みである。しかし、多くの理論家の努力にもかかわらず、このタイプの反論は現在に至るまで十分な成功をおさめていない。第一章でその一部を検討したように、相互行為を繰り返したり、自己利益の概念を拡張したり、道具的合理性に制約をかけたりしても、「ここぞの裏切り」のインセンティブは残存する。合理的な行為者は互恵的な関係を続けるために必要なぶんだけ信頼に応えようとするが、罰を受けず、より多くの自己利益が結果的に見込まれる状況では裏切りをやってのけるだろう。[12]

合理性を再考する

したがって、懐疑に対する「心配するな」という応答には限界がある。たしかに信頼関係はありふれていて、ささいなことでは揺るがない。それは人間の自然本性の幸福な事実である。だが、この事実は「だからこそ裏切るべきだ」という道具的合理性の要求を打ち消すことはできない。

こうして道具的合理性を前提とする限り、すべては自己利益にかかっているように思われてくる。信頼に応え、信頼関係にとどまるべきか。それとも信頼を裏切り、信頼関係を打ち切るべきか。それを決めるのは自己利益次第としか言いようがない。ここに懐疑のインパクトがある。懐疑論者は社会秩序など存在しないとか、社会秩序はすぐさま崩壊するだろうと言い立てる必要はない。少なくとも、相互協力的な秩序は「たまたま」成り立って「しまって」いるし、その秩序は「それなりに」安定するかもしれない。それは認めてもいい。だが懐疑論者からすると、この秩序の合理的な根拠は依然として与えられていない。裏切らない理由は見出されず、社会の底は抜けている。現状の社会はどうあれ、道具的合理性は状況に応じて裏切るべきことを推奨するだろう。

信頼の自然的な基盤に訴えるだけでは、この推奨に抗うすべはない。だが、ここで発想を変えてみよう。懐疑の支点は道具的合理性の想定にあった。ならば道具的合理性ではない、別の合理性のモデルを考えることはできないだろうか。第三章では、そのために理解可能性としての合理性を提示したのだった。

この合理性のモデルを三つの観点から振り返ろう。第一に、わたしたちは行為者である。これは当たり前のようだが、大切な前提となる。行為はただの身体運動や生理現象とは違って、それを遂行している行為者自身に理解されうるものでなければならない。つまり、行為者は「自分は何をしているんだろう」、「どうしてこんなことをしているんだろう」といった問いに答えられなければならない。第二に、行為者は孤立して生きることはできない。共同行為はもちろん、一人でやり遂げることのできる行為さえ、ほかの行為者に見られ、聞かれ、反応される可能性がある。一般に、このような相互行為の局面では自分のやっていることが他人にも何らかの仕方で理解できるもの、意味のわかるものにならなければならない。そうでなければ、自分にしか理解できないことを他人に対しても遂行しているという行為そのものが、ひるがえって自分にとっても理解しがたいものになるだろう。

したがって、わたしたちは行為者として、自他にとって理解できるふるまいをしなければならない。注意してほしいのは「しなければならない」という規範の客観性である。わたしたちはさまざまな欲求を抱き、さまざまに自己利益を追求している。課せられる社会的な役割もさまざまだろう。けれども「自他にとって理解できるふるまいをしなければならない」という規範だけは、いかなる行為者にも等しく課せられている。なぜなら、それはわたしたちが行為者であるための条件を表現しているからである。それを充足しなければ、もはや自分自身を行為者とみなすことができなくなってしまう、そんなぎりぎりの条件である（行為者性の超越論的条件、と表現してもいい）。

では、この条件はどのように充足されるだろうか。

第三に、制度的環境において理解できるふるまいを続けるには、特定の制度の規範を引き受けることが望ましい。自分は何をやっているのか。相手に対して何をしようとしているのか。それを理解するために心のなかをのぞきこむことはない。お互いがどのような制度のもと、いかなる規範にしたがっているのかを把握できればいい。それは見知らぬ役者同士が初演の舞台に上がったとしても、おおまかなシナリオさえあれば、それにしたがって即興の共演を成し遂げられるのと同様である。本章ではこうした共演の具体例として介助関係のやりとりを考察してきた。ある行為者は勤めて間もない福祉施設の、はじめて担当する利用者に対してさえ、「生活習慣の尊重」、「食事の前に手洗い介助をおこなうこと」、「敬語を使って話そう」といった制度の規範、すなわち介助の「シナリオ」や「テンプレート」を引き受けることで、ともあれ介助者という役割を演じることができる。

あらためて問いかけてみよう。どうしてその人は介助者としての役割を引き受けようとするのか。以上の三つの前提を踏まえると、次のように答えることができる。それは必ずしも自己利益を道具的に追求するからではない。自分の行為を自他にとって理解可能なものにするためである。

裏切らない理由

いまや「合理性」という言葉の内容として、(1) 自己利益を道具的に追求することと(2) 自他にとって理解可能な行為をすることが並び立っている。

信頼が問われる状況において、これら二つの合理性が緊張関係にある状況を考えてみよう。

贋作の誘惑：有能ではあるが、不景気に苦しめられているギャラリストのもとに、怪しげな画家が売り込みをかけてくる。画家は抽象表現主義の画風を自在に再現することができ、現代美術に通じたギャラリーと組めば莫大な利益を稼ぎ出すことができるという。ギャラリストは専門家でもその画家の贋作を見破ることができないだろうこと、さらに一作でも贋作を売却することができれば数十億の取り分が見込まれ、美術市場から「売り抜け」できることを見てとる。

このギャラリストは同業者、顧客、アーティストと信頼関係を結び、それらを深めてきたと仮定しよう。そのなかには「ギャラリストは「贋作を販売してはならない」というギャラリーの規範に内的にコミットして行為するだろう」という制度的信頼も含まれる。つまり「まっとうな商売をしているだろう」と信頼され、それに応えてきたということである。

しかし、この状況において(1)自己利益を道具的に追求することをもって「合理的」とするならば、ギャラリストにはそのような信頼を裏切る理由がある。詐欺師を門前払いすることで得られる心理的満足、あるいはそれが周知されることで高まる評判が、詐欺に成功したときに見込まれる数十億の取り分を上回るのでなければ、あえて贋作を販売しないことは不合理なふるまいとなるだろう。他方、(2)自他にとって理解可能な行為をすることが「合理的」であるとすれば、信頼を裏切らない理由もある。なぜなら、どれほどの自己利益が見込まれるとしても、贋作の販売はギャラリストとしての自分自身の理解可能性を損なうだろうからである。したがって、ギャラリストにとっては、「贋作の販売をしてはならない」という制度の規範を引き受け、信頼に応えることが(2)の意味で「合理的」でありうる。

(2)は(1)に包摂されるのではないか、と思われるかもしれない。つまり、贋作を販売しようとしないギャラリストは、結局のところ「自分の理解可能性を高めるという自己利益」を追求しているのではないか。だとすると、信頼に応えるべきか、裏切るべきかは「数十億の金額から見込まれる自己利益」と「ギャラリストとしての自分を理解できるもの、意味のわかるものにする自己利益」との比較の問題に過ぎない。

たしかに、自己利益の内容をこれほどに拡張することは不可能ではない。けれども、そうすることで自己利益の概念の主観性を希薄にしてしまう。自己利益とは本来、ある人にとって自己利益とみなされるものが、ほかの人にとってはそうではないという含意がある（だから、「それはあなたにとっての「自己」利益に過ぎない」という表現が意味をなす）。対して、理解可能性としての合理性は特定の状況、特定の人だけでなく、いつ、誰にとっても妥当するという客観性を持っている。なぜか。繰り返し述べるなら、理解可能性は行為者性の条件だからである。それは行為者である限り、どのような自己利益を何に対して持っているにせよ、ともかく引き受けなければならない制約となる。したがって、「贋作の誘惑」のように(1)道具的合理性と(2)理解可能性が拮抗する状況においては、(2)の合理的制約が行為者性のミニマムな条件として(1)の追求に優越するだろう。

「信頼の力」の限界

こうして、わたしたちは「裏切らない理由」を手にする。理由を与えるのは理解可能性としての合理性である。この合理性は行為者性の条件としてあらゆる行為者を拘束する。それは相互理解の土壌としての信頼関係にとどまるべきこと、裏切るべきではないことを推奨するだろう。

もちろん、いかなる裏切りもありえないと主張しているわけではない。そもそも「自分は行為者などではない」と開き直る人もいるかもしれない。[13] あるいは、自分にとって理解しがたい衝動が

「魔がさす」ようにして理解可能な仕方で行為しようとする動機を圧倒することもあるだろう。いずれにせよ、裏切りは至るところにある。理解可能性をめぐる議論から示されたのは、そのようなふるまいが不合理であることを主張する可能性に過ぎない。しかし、裏切りの誘惑に対する、ささやかな抵抗として提示されたこの議論こそ、「社会の底は抜けているのではないか」という懐疑を押しとどめる根拠となるだろう。わたしたちは合理性を道具的な想定から解放することで、信頼関係という「社会の根っこ」を捉えたのである。

社会の根っこは日常生活のすみずみに、多層的に張りめぐらされている。自己利益を探り合うだけでなく、感情を交わし、制度の規範を分け持つことによって信頼関係は深められる。自分の期待に相手はきっと応えてくれるだろう、そんな期待のやりとりが繰り返されるうち、相互協力的な秩序は確かなものとなる。これが、社会秩序を形成する「信頼の力」である。

他方、信頼の力には限界もある。これまで示された議論にもいくつかの条件が付されていることに注意しよう。制度的信頼を裏切らない理由が与えられるのは、制度の規範がある程度、特定の社会集団に共有されている場合に限られる（「贋作の販売をしてはならない」という規範がギャラリスト、顧客、アーティストといったアートワールドの構成員に共有されている場合にのみ、贋作を販売することは理解可能性の観点から不合理なものとみなされる）[14]。また、たとえ何らかの規範が共有されていたとしても、それが特定の社会集団を離れて妥当するとは限らない。マフィアの掟を引き受けることで、マフィアとしての自分を理解できるもの、意味のわかるものにしようとする行為者をもう一度、想定してほしい。その行為者は自分に期待される規範や、規範にそくした役割をまっとうするために自己利益を度外視することもあるかもしれない。たとえば、マフィアの構成員として自分の命を犠牲にするといったふるまいである（これはアートワールドの構成員として贋作で一儲けすることを断念するふるまいと同型の合理性を有している）。ただし、その際に死を賭してなされるのは殺人とか、違法ドラッグの取引とか、銃器の横流しとか、およそマフィア以外の市民には受け入れられそうにない行為であるとしよう。この場合、その構成員はマフィア社会の内部では信頼に値する合理的行為者にほかならず、実際、同胞からの信頼に応えることで組織に相互協力的な秩序をもたらすことができる。ところが、もう少しカメラを引くと様相は異なる。そうして結ばれるマフィア同士の信頼関係が、今度はマフィア社会の外部に開かれた市民社会の秩序を脅かすだろう。

つまり、問題は信頼の力の範囲にある。信頼関係がどれほど多層的に深められるとしても、認知と感情の層はもちろん、制度の層もまた、その関係は一定の範囲内に限られざるを得ない。マフィアの掟が市民社会では受け入れられず、狭いマフィア社会でしか通用しないように、特定の制度の規範はローカルな社会集団、組織、文化的共同体の内部にとどまるように思われる。

道徳性への通路を探る

この限界は認めていい。多くの規範の範囲は限られている。制度の規範と呼ばれるものはエチケット、慣習、明文化された法規などの拘束力をそなえた文化的人工物の総体であり、これらは世代を越え、数千年の歴史を経て累積的に継承されてきた。そのような規範のネットワークはどれほど拡張され、整合性を向上させたとしても、その生成と変化が人類社会における特定の環境変化や社会課題に導かれている限り、ローカルな規範のあいだの対立や葛藤を完全に免れることはない。ただ、この事実を踏まえた上で、あともう一段階の考察を加えることもできるだろう。グローバルに妥当する規範の可能性がなお残されているからである（そして実際、少なからぬ哲学者はそのような規範の理論を構築しようと試みてきた）。

道徳的規範はその候補の一つである。道徳という言葉の意味は信頼と同じように多様だが、ここでは不偏性や普遍性を含意するカント的な伝統を念頭に置いてほしい[15]。すなわち「道徳的であるということは、自分の利益を除外することがすべての人に対して等しく利益となるときにはいつでも、自己利益を却下するようにデザインされたルールにしたがうことである[16]」。平たく言うと、道徳なるものは行為を拘束する制度の一種であり、その規範は「独りよがりになるな」、「自分だけを特別扱いするな」という不偏性の要求として、あらゆる行為者に対して普遍的に課せられている。この規範を考えるにあたって、わたしたちの日常的な営みを超越して実在する、永遠不変の実体のように奇妙なものを想定する必要はない。これまで述べてきた制度の規範と同じように、道徳的規範もまた、人間的な主体の形成する文化的人工物に過ぎない。ただ、その妥当する範囲が個別的な状況や特殊な社会集団を超えて、グローバルに開かれている点に特徴を持つ。ならば、このグローバルな規範にしたがって信頼の力を捉え直すことはできないだろうか。これは信頼関係の「深まり」に加えて、その「広がり」を考えようとする問いかけである。

この問いに取り組むために、信頼の力について一つの展望を示すことを試みたい。すなわち、

「信頼関係から道徳的規範がもたらされる」という見通しである。「道徳的規範から信頼関係がもたらされる」のではない。道徳的規範にしたがっていなくても、信頼関係を結ぶことはできる。そうではなく、信頼関係から道徳的規範が実効化される可能性を探ってみたい。それは信頼を抱き、信頼に応えるというやりとりを通じて、わたしたちが道徳的に「なる」可能性を意味している。

対等さ

まず注目したいのは「対等さ」である。信頼を交わす行為者はお互いを「対等な」パートナーとみなす。急いで付け加えると、信頼関係を結ぶからといって「平等な」関係が実現するとは限らない。親と子、上司と部下、デザイナーとクライアントが信頼を抱き合ったとしても、多くの場合、そこには権力や財産、情報に関して不平等が認められるだろう。

ただ、不平等な状況に置かれるとしても信頼関係を結ぶことはできる。そのために要求されるのが最低限の対等さである。この対等さは(a) 双方向性と(b) 有能性という二つの要素から説明される。(a) 当然のことながら、一方的に信頼を抱いたり、抱かれたりするだけでは信頼「関係」は成り立たない。相手から寄せられる期待に自分は応答し、自分がさし向ける期待に相手も応答しなければならない。(b)「序論」で述べたように、こうして取り交わされる期待には有能性に対する期待が伴われる。相手は何ごとかをなすだろうと期待するには、少なくともそれが「できる」ことが期待されなければならない。

したがって、信頼関係にとどまるとき、自分とともに相手もまた何かが「できる」だろうという期待のやりとりが重ねられることになる。認知的信頼の場合は「ともに」自己利益を追求できること、感情的信頼の場合は「ともに」感情を抱き、それに応えられること、制度的信頼の場合は「ともに」何らかの制度の規範を引き受け、それにしたがって行為できることが想定されなければならない。単純化された事例だが、マフィアの親分と子分の関係について考えてみよう。両者のあいだには組織内の権力において明らかな不平等がある。親分から子分に対して脅迫的なふるまいがなされることもあるだろう。にもかかわらず、仮に両者が制度的信頼の関係を結ぶならば、少なくとも自分と同様の「「マフィアの掟」のような規範を把握する力」、そして「そうした規範を引き受け、それにしたがって行為する力」を認め合うことになる。最低限の対等さは、このように双方向的なやりとりにおける「自分と同様の力」の想定に認められる。

この想定は、信頼関係を結んだはじめのうちは自覚されなかったとしても、関係が深まるほどに確かなものとなるだろう。まずもって信頼関係が促すのは、このような対等さの感覚である。

暴力と虚偽の禁止

対等な信頼関係が深められるとき、もう少し踏み込んだ可能性を考えることもできるかもしれない。信頼関係を結ぶ主体が道徳的規範に動機づけられる可能性である。

このことを検討するために、信頼関係が損なわれる場合を想定してみよう。先の議論を前提すると、それは双方向性と有能性という二つの条件のいずれか、あるいはいずれもが満たされない場合である。たとえば「怠惰」によって自分に課せられるはずの規範を引き受けようとしなければ、それは制度的信頼に伴われる有能性への期待を裏切ることになる。

もちろん、どのようなふるまいが怠惰とみなされるのかは状況においてさまざまである。はじめは有能性に対する期待を裏切るように思われたふるまいが、やりとりを経て、実はそうではなかったことが明らかになることも少なくない（怠惰とみなされていた態度が、謙虚さや慎重さの現れとして見直されることがあるように）。しかし、もう一つの条件、すなわち双方向性の条件が満たされない場合、こうした修正の機会も根こそぎ奪われてしまう。それは相手から寄せられる期待に応答しようとしない「無視」、あるいは相手に応答させようとしない「抑圧」がなされるような場合だが、とりわけ双方向性を脅かすのは「暴力」だろう。ここで暴力とは物理的な危害だけでなく、相手に裁量の余地を認めず、自分の期待どおりにふるまうことを強いる一方的な実力行使を意味する。このたぐいの暴力がなされるならば「最低限の対等さ」は失われ、どれほど時間をかけて深められた信頼関係も決定的に毀損されるおそれがある。

また、理解可能性としての合理性の観点からは、相互理解を損なうタイプの行為も避けるほうが望ましい。「虚偽」はその典型である。多くの虚偽行為は信頼関係を逆手にとって、他人からの期待を裏切ることで自己利益が見込まれる状況においてなされる。しかし、虚偽によって信頼関係が揺らぐなら、それは自己利益と引き換えに相互理解の可能性を犠牲にすることにもなりうる。[17] 合理的な行為者である限り、誰であれそのような犠牲を払うべきではない理由があることを本章は主張してきた。

したがって、信頼関係を深めるにあたっていくつかのタイプの行為はなされるべきではない。暴力や虚偽はそうした行為の候補となる。反社会的と形容されるようなマフィアの組織においてさえ、暴力や虚偽を部分的にせよ規制する規範が実効化されているのはそのためである（この手の組織はいざとなれば暴力や虚偽の「カードを切る」のだが、そうでなければ組織内外の信頼関係を安定的に保持するため、「仁義」のような規範を構成員の自己利益の追求に優越させておくだろう）。

制度を改変する

こうして、信頼関係はそれをとり結ぶ行為者のありように影響を与える。第一に、対等な関係が尊重される。第二に、暴力や虚偽のように、信頼関係そのものを破壊するタイプの行為が抑制される。「暴力をふるうべきではない」、「虚偽を働いてはならない」といった道徳的規範が行為者を拘束する。

さらに、第三に、影響は行為者をとりまく制度にも及ぶ。行為者は理解できる制度、意味のわかる制度を引き受けようとする一方、理解できない制度、意味のわからない制度を退けようとする。場合によっては制度を作り変えようとさえするだろう。

制度の改変については、理解可能性をめぐる前章の議論においてすでに述べた（第三章第3節参照）。重要なのは、あることがらに特殊な条件や例外的な規定がつけ加わるほど、それを理解することが難しくなるという一般的事実である[18]。たとえば、カフェのウェイターが客を案内する状況を思い浮かべてみよう。新人であっても、自他にとって理解できるふるまいを続けることはそれほど難しくない。「見晴らしのいい席から案内して、混んできたら店の奥に案内する」というカフェの規範にしたがっておけばいい。そうすれば客と信頼関係を結ぶこともできる。客は「ウェイターは、自分をしかるべき席に案内してくれるだろう」という制度的信頼を抱き、ウェイターはそれに応える。

けれども、このカフェにきわめて特殊な例外的規定が加わったとしよう。先輩のウェイターが「ここだけの話だけど」と前置きして、「ある特定の人種や、性別に属する客が訪れたときだけ、混んでいなかったとしても店の奥に案内する」旨を命じるのである。ウェイターは混乱するだろう。特定の属性に基づく差別が公然と推奨される社会状況でもなければ、自分の例外的なふるまいを理解することが難しくなる。客も混乱するだろう。見晴らしのいい席が空いているのに、どうして暗がりに案内されるのかを理解することができない。両者の相互理解は損なわれ、信頼関係は揺らぐ。それどころか、差別的な処遇をこうむったと客に受け取られれば、それは「最低限の対等さ」に反するふるまいとみなされかねない。

このように理解可能性の観点からは、不可解な社会的区別を設けることは望ましくない。合理的にふるまおうとすれば、誰かを特別扱いしたり、例外的に排除したりする制度の規範はなるべく避けられなければならない。そして可能ならば、不可解な制度を改変しようと試みることになる。こうした合理的圧力は社会制度に対する不偏的制約として「道徳的」秩序の実現に寄与するだろう。

3　信頼の規範理論

いかにして懐疑に応えるか

これまでの議論を振り返ろう。「信頼とは何か」に続いて「どうして信頼が社会秩序を支えることができるのか」という問いに取り組んできた。この問いは裏切りの脅威に直面するとき先鋭化する。合理的な行為者はつねに自己利益を追求していると仮定しよう。とすると、信頼関係も自己利益を得るための手段の一つでしかない。裏切ったほうが多くの自己利益が見込まれるなら信頼関係は破られる。あえて破らない理由はない。こうした裏切りの可能性がお互いに認知されるとき、相互協力的にふるまうことは難しくなる。これは道具的合理性の立場から突きつけられる、信頼の秩序形成機能に対する懐疑である。

どうすればこの懐疑に応えられるだろう。本章では、道具的合理性とは異なる二つのアプローチを組み合わせてきた。それは（哲学史においてしばしば対比的に語られる）ヒューム的な発想とカント的な発想の結合である。前者のアプローチは「心配するな、信頼関係はそう簡単には揺るがない」と主張して懐疑を和らげようとする。信頼の感情的な層に光をあててみよう。感情のやりとりには自然的な基盤がある。わたしたちはつい、誰かに感情的な期待を抱いてしまい、寄せられた期待には応じたくなる。応じてもらったら、なおさら相手のふるまいを楽観する。やりとりが続けられるうち、お互いの感情が重ねられ、合致（コンヴェンション）に方向づけられていく。相互協力的な秩序がいつの間にか成り立ってしまっている。裏切りの誘惑が消失することはないけれども、社会はおおむね安定するだろう。

もう一つのアプローチは、懐疑に対して正面から応答しようとする。裏切らない理由はたしかにあると主張する。信頼に応える「べき」だという要求が「客観的に」課せられると表現してもいい。「客観的」という言葉に説明を加えておこう。その意味の一つは、世界の現実との合致に認められる。たとえば「部屋の外で雨が降っている」といった判断の場合、実際に部屋の外で雨が降っているなら、その判断は「客観的」とみなされる。ジョン・マッキーの表現を借りると、判断の客観的な真偽は「世界の織地（the fabric of the world）」にしたがって定まることになる。[19] ただし、わたしたちが考えようとしているのは判断ではなく、要求である。信頼に応えるべきだという要求が「客観的」であるとは、正確にはどういうことなのだろう。この点については、「世界の織地」をめぐるマッキーの議論を参照しつつ、バーナード・ウィリアムズが次のように述べている。

ある要求が「客観的に妥当する」とはどういうことだろうか。もう一つの構図を考えてみよう。それはカントによる構図である。これによれば、合理的な行為者が合理的な行為者であるために受け入れなければならない要求ならば、それは客観的ということで要請される意味のとおり避けがたいものとなるだろう。カント好みの比喩を使うと、それはいかなる合理的な行為者によっても自己定立される。わたしの見解では、カントは道徳性の根本的な要求がこの意味で客観的であると想定した点で誤ってはいたけれども、いま問題にしたいのはこのことではなく、カントの考え方が客観性のわかりやすく、しかも適切な意味を示しているということである。こうした要求はそれが世界の織地の一部であることとほとんど関係がないように思われる。[20]

ウィリアムズによれば、ある要求が客観的なものとみなされるために、それが「世界の織地」と合致しなければならないわけではない。もう一つの客観性の手がかりは「カントの考え方」にある。特定のこの人、あの人ではなく、いかなる行為者によっても受け入れなければならない要求があるとすれば、それを「客観的に妥当する」要求として捉えようという考え方である。この要求の客観性は「世界の織地」ではなく、いわば「実践の織地（the fabric of the practice）」によって成り立つ。前者の客観性が行為から独立するのに対して、後者の客観性は行為によって織りなされるとも言えるだろう。

行為者なら誰しも自分の行為を自他にとって理解できるもの、意味のわかるものにしなければならない。そして信頼関係が行為者のあいだの相互理解を支えているなら、これを裏切ることは合理性の観点から差し控えられるべきである。これが懐疑に対するカント的なアプローチだった。

実践の織地を重ねる

「実践の織地」という比喩表現は示唆的である。わたしたちはまさに、信頼関係の深まりを「実践の織地」の重なりのごとく特徴づけてきた。信頼関係とは一枚の織地ではなく、複数の織地を重ねて仕立て上げられるしなやかな織組織である。

この組織を解きほぐす方法は一つではないが、感情と制度、あるいは「ヒュームの考え方」と「カントの考え方」の二重織りに注意を払ってきた。カント的なアプローチでは、信頼関係の主体としての「わたし」が議論の前提に据えられる。行為者としての自己理解をそなえ、さまざまな制度を引き受けようとする「わたし」である。他方、そうした「わたし」はあらかじめ出来上がっているわけではない。ヒューム的なアプローチが示すように、感情を交わすうちに「わたし」の輪郭は定まる。他人を見る「わたし」、他人に見られる「わたし」、そして他人を見る「わたし」を見る他人に見られる「わたし」とはどのような主体であるのかが時間をかけてわかってくる。このように「わたし」を結び目として感情的信頼と制度的信頼の織地が重ねられる。「わたし」は感情的交流に根ざしつつ、制度的環境を生きる。

とはいえ、この重なりから「道徳的な」秩序は必ずしも帰結しない[21]。前節で述べたように、多くの場合、信頼関係から直接にもたらされるのは特定の交流、特定の制度におけるローカルな相互協力に過ぎないからである。閉じられた関係の内側だけで協力しておいて、外側の人々の秩序を脅かすことは十分に考えられる。

しかし、だからといって信頼関係と道徳性の関係が断ち切られるわけではない。むしろ信頼関係から道徳的にふるまうことの誘因も与えられることを示してきた。具体的には、信頼関係を深めるにあたって(i)対等さの尊重、(ii)暴力や虚偽の禁止、(iii)制度の改変に関する規範にしたがって行為するよう促されるだろう。これらはいずれも自分だけ、もしくは自分の属する特定の社会集団だけを特別扱いしないことを要求する「カント的な」意味での道徳性にかなっている。

以上の二点を踏まえると、これまで論じてきた信頼関係と規範性の連関、いわば「信頼の規範理論」の特徴が明らかになる。それは「カントの考え方」と同じく、特定の合理性のモデルから規範性を導出しようとする理路をとっている。合理的ならば何らかの規範にしたがって行為する「べき」であるという議論の組み立て方こそ、カントの理性主義的な規範理論を継承するものだった。他方、想定される合理性のモデルは「カントの考え方」とは異なり、道徳的な合理性（すなわち「自律」のモデル）ではない。提示されたのは道具的合理性と道徳的合理性の中間としての「理解可能性としての合理性」の構想である。この構想では信頼関係から道徳性が直接に導出されるわけではない。道徳性は他人とともに、時間をかけて、信頼関係という土壌から「芽生えて」くる。

信頼が危ぶまれるとき

こうして示されたのは、信頼関係の多層的な深まりに伴われる秩序形成の過程である。しかし、この展望には反論もあるだろう。予想される反論の一つは、秩序形成における「対等さ」の条件に関わる。信頼関係をめぐるこれまでの議論では、「ともに」自己利益を追求できる、「ともに」感情を抱く、あるいは「ともに」何らかの制度の規範を引き受けるだけの対等な状況が想定されていた。だが、この想定はどれほど妥当だろうか。信頼が問われる現実の社会状態はしばしば不均衡で、およそ対等とは言えない状況にあるのではないか。

典型事例として、本章の冒頭で示した介助関係を思い起こそう。どうして「青い芝の会」の横塚晃一は介助者との安易な連帯の表明に警戒を示していたのか。それは「障害者」と「健全者」のあいだには明らかな不均衡、非対称、不協和が存在しており、信頼、共感、寛容といった言葉がその現実を覆い隠すおそれもあったからである。

介助とは異なる、別の領域においてもその危険は変わらない。一例として、映画作品『野火』を取り上げよう。この作品では太平洋戦争末期のフィリピン、レイテ島に取り残された兵士たちの彷徨が語られており、語り手による風景の知覚や、生死をめぐる思念に分け入っていく一方、飢餓に苦しむ兵士たちの人間関係の移ろいも描き出されている。人間関係の描写に限れば、おそらく鑑賞者の注意を引きつけるのは安田という年嵩の負傷兵と、永松という新兵の取り合わせだろう。戦況の悪化によって軍隊の組織的統制は機能しておらず、この二人もまた、上官、下官という単純な上下関係には置かれていない。安田が食糧を確保するためのアイデアを考案し、永松がそれを実行するという役割の分担がある。そこにはお互いの自己利益を追求しようとする認知的信頼の関係、あるいは生き残るための役割を課し合う制度的信頼の関係の余地もありそうに思われる。また、大岡昇平の原作小説では、二人に感情的交流もあったことが冷めた筆致で語られもする。子を捨てた安田と、親に捨てられた永松のあいだには「速成の親子」と形容される程度の感傷的合致も認められ、それは「この動物的な軍隊の余剰物の中に、まだこういう劇が行われる余地があるのを意外に思った」と語り手に言わしめるほどの交流ではあった。少なくともこの交流を介して、二人のあいだには認知、感情、制度の信頼関係が多層的に成り立っていたと考えることもできるだろう。

しかし、作中の時間経過にしたがってこの関係は深められるのではなく、むしろ傷つけられ、不信が強められることになる。新兵の永松は、老獪な安田が自分を支配しているのではないかと疑いはじめ、安田もまた、自分の「手足」として動かすことのできる永松を使い尽くして、あげく裏切るための「ここぞのタイミング」を探ってゆく。飢餓がきわまったとき、二人の関係はホッブズ的な結末をたどる。相手の肉を食べてでも生き残る、そんな自己保存を目的とする凄惨な殺し合いに至るのである。

本章では信頼に応える理由、裏切らない理由を与えようと試みてきた。それは信頼関係が原理的には対等な関係において結ばれ、深められるという想定のもとである。しかし現実には、そのような「対等さ」は必ずしも保証されていない。こちらが対等だと思いこんでいても、実はいいように使われているだけで、知らず搾取にからめとられることもあるかもしれない。あるいは、はじめは対等だったはずの関係が、組織の序列、資源の枯渇、制度の崩壊といった外的要因によって変化をこうむることもあるだろう。この意味では、「対等さ」は前提ではなく、努めて達成されるべき理念なのである。

したがって、「信頼の力」を論じるためには、このような現実的制約にも目を向けなければならない。そうでなければ、信頼の秩序形成機能は「対等さ」の幻想に基づく空論になりかねない。

不均衡な関係

この反論に対して、次のように応じることもできる。

「信頼関係を深めるために求められるのは「最低限の対等さ」であって、それは過大な要求とまでは言えない。ともに認知し、感情を抱き、制度を引き受けるという有能性に対する期待が、双方向的に成り立っていれば十分である。もちろん、この対等さもホッブズの仮構する自然状態では脅かされるかもしれないが、それこそ「現実」は自然状態とは異なる。『野火』の描き出すような、太平洋戦争末期の陸上戦闘地域は例外的な状況であり、それなりに安定した市民社会では、対等な関係を前提として秩序形成の過程を考えることに問題はない」。

しかし、この応答を認めたとしても、第二の反論が考えられる。「最低限に」対等な関係であったとしても、さまざまな抑圧、差別、脅迫といった関係の不均衡が認められるという指摘である。

映画作品『そして父になる』を例にとってみよう。映画の主役、野々宮良多は一人息子が出生時に取り違えられていたこと、すなわち自分の生物学上の息子が別の家族のもとで育てられていたことを知る。二人の息子のいずれを引き取るか、あるいは二人とも引き取るのか。良多は生物学上の「父」だけでなく、家族制度における役割としての「父」を引き受けることができるのか。これらの葛藤が作品のドラマを作りあげる。序盤では、良多はいかにも頼りなく、信頼に値する親には見えそうにない。だが、彼は息子たちとの感情的交流を一つのきっかけとして「父になる」。たとえば、作中、自分を見つめる息子の「視線」が、良多によって事後的に意識される場面がある。それは自分にさし向けられた息子の感情表現を紐解き、その感情に応えようとすることで、父としての役割をみずから引き受けようとする瞬間でもある。こうした感情と制度の相互作用において、親子の信頼関係が深められていく過程を見てとることもできる。

他方、「母」には「父」のようなドラマは与えられていない。『そして父になる』では取り違えの事件を軸として二組の夫婦が登場するが、いずれの組の女性にも、男性の側に与えられているだけの「葛藤」や「選択」の余地は少ないという印象を受ける（この印象は、「〔自分と子どもが〕似てるとか似てないとか、そんなことにこだわってるのは、子どもとつながってるっていう実感のない男だけよ」という台詞によっても強められる）。違いを作り出す要因の一つとして、現状の家族制度における「父」と「母」の役割をめぐる不均衡を挙げることはできるだろう。いやおうなく「子どもとつながっている」ことを期待され、それが「できてしまう」側と、子どもにとっての親に「なる」ことに悩み、「なる」かどうかを選択する自由がある（という自己理解を持つ）側の不均衡である。作中、この不均衡は社会経済的な力を背景として、妻のみどりを威圧する良多の粗暴なふるまいとして際立たせられている。

このような家庭では、父と息子、母と息子、夫と妻のあいだに、「最低限の対等さ」に基づく信頼関係が結ばれることもあるだろう。だがそれは、信頼関係がその関係のなかに組みこまれた不均衡を保存し、場合によっては強化する可能性も示唆するのではないだろうか。この可能性もまた、いびつな不均衡とともにある社会生活の紛れもない現実であり、「信頼の力」を考える上での課題の一つである。

こうして、信頼関係の深まりをめぐる本章の検討を通じて、「対等さ」は信頼関係の成立にとって理論上の基礎であると同時に、現実的な課題でもあることが明らかにされた。次章ではこの問題、すなわち信頼関係における不均衡や非対称の問題にも取り組むことになる。そこで照明をあてられるのは信頼だけではなく、その裏面にあるとみなされてきた態度、すなわち「不信」である。

第五章　不信の力を見きわめる
——自由と抵抗の拠点として

アレクサンドル・ソルジェニーツィンの記録文学『収容所群島』では不信がその両極において描写されている。極端な不信の蔓延と、極端な不信の不在である。

ソルジェニーツィンの生きた二十世紀のソ連には、ラーゲリと呼ばれる強制収容所が国土のすみずみに設置され、市民はいつも逮捕されることを恐れて生活していた。「人を逮捕していなかった時間は一分もなかった」[01]。波風を立てないよう気をつけていても、理不尽な言いがかりで収容所に送りこまれてしまう。大工がレーニンの胸像に上着をかけたところ逮捕。守衛がスターリンの像を運ぼうとして、首に革帯を巻きつけたら逮捕。店員が商品の個数を新聞紙に書きとどめたとき、数字が紙面のスターリンの額に重なってしまい逮捕。誰に、どこで見られているかわからず、捕まれば途方もない年月を収容所で過ごすことになる。密告されるのではないか、という不信が市民のあいだに深まった。

「それぞれの住民の足もとに群島という奈落（そして死）があった」。

ソルジェニーツィンによれば「この全面的な相互不信が、奴隷制度の共同墓穴をさらに深くしていた」。身内に対してさえ不信がはびこる状況では、何もしないこと、何を見ても知らんぷりをしていることが処世術となる。もちろん逮捕された人にも大切な人がいる。友人や家族が残されている。「何か手伝ってやるべきか？　いやいや、危険だ。それは敵の妻だ、敵の母だ、敵の子どもだ」。自分が逮捕されないためには、殺されないためには、ひたすら「お上」に追従して危機をやり過ごすしかない。「われわれは互いに何も話さず、大声を張りあげることも、小声で囁くこともせず、互いに情報を交換することもせず、自分自身をひたすら新聞やお上の演説者たちの手に委ねたのであった」。

こうして市民のあいだに不信が深まる一方、政府に対する不信が削ぎ落とされる。はじめは心中の不信を隠していただけだったのが、やがて「お上」に不信を抱くことすらなくなっていく。そこに愛国教育が加わる。「大祖国戦争だの、わが国の不滅の偉業だの、ファシストどもの残虐ぶりだの、スターリンの子どもたちに寄せるあふれるばかりの愛情だの」が喧伝されて、人によっては政府に対する不信どころか、信頼すら抱くようになる。

『収容所群島』には不信の、相反するようにも思われる二つの特性が示唆されている。(1) 一方では、不信はわたしたちから生きる力を奪うことがある。不信がつのると他人と協力することができない。孤独を強いられ、日常生活を送ることさえ難しくなるだろう。(2) 他方では、不信はわたしたちに生きる力を与えることがある。政治権力には不信の構えをもって対峙しなければならない場合もある。もし不信を手放してしまえば、暴政や抑圧に対する抵抗の拠点を失うのではないだろうか。

不信には両義的な力がある、と言ってもいい。それは社会生活を損なうことも、反対に支えることもある。その限りでは不信の全面的な許容も、全面的な放棄も望ましい選択肢ではない。むしろこれら両極の中間にあって均衡をとるような慎重さが求められることだろう。

以上の見通しをもって、これまで信頼に関して探究してきたことと同様の問いを不信にも投げかけることにしたい。すなわち「不信とは何か」、そして「不信にはどのような力があるか」という問いである。本章では二つの問いを検討するうちに「不適切な不信」と「不適切な信頼」をめぐる問題が提起され、それらを乗り越えるための方策も探られる。最終的には信頼と不信が必ずしも対立するのではなく、ときには不信が信頼を準備し、信頼関係を支えることを明らかにしたい。

1　不信とは何か

不信は信頼の欠如ではない

まずは「不信とは何か」を考えることから始めよう。一見、不信は信頼が抱かれていない状態と思われるかもしれない。字面を眺めても不信は「信頼せず」と読める。不信を信頼の欠如状態として理解することはできるだろうか。

この考え方には直観的な説得力がある。たしかに信頼と不信は両立しない。タクシーの運転手に対して「目的地に連れて行ってくれるだろう」という信頼と「目的地に連れて行ってくれないだろう」という不信を同時に抱くことはできない。不信が抱かれているならば信頼は抱かれていない。

しかし、信頼が抱かれていないからといって不信が抱かれているとは限らない。あなたは食事の支払いに関して、友人に「この人は気前よくおごってくれるだろう」という信頼を抱いてほしくないと思っているとしよう（その信頼に応えるほど、お金に余裕がない）。けれども、だからといって「この人は気前よくおごってくれないだろう」という不信を抱いてほしくもないのではないだろうか（ケチな人には思われたくない）。つまり食事の支払いに関しては、あなたにとって望ましいのは友人の信頼と不信、いずれも抱かれていない状態である。

同様の状態として、あることがらに関して抱かれていた信頼が失われる場合を想定してもいいだろう。ずっと料理が得意なのだろうと思いこんでいた同僚の華やかな弁当が、実は食料品店のお惣菜の詰め合わせだったことが判明したとしよう。このとき「同僚はいつもすばらしい弁当を自作するだろう」という信頼は抱かれなくなるものの、かといってその同僚に対して何らかの不信が抱かれるわけでもない。ここでもまた、信頼と不信、そのどちらにも針は触れていない。

したがって、信頼が欠落した状態として二つの可能性を指摘することができる。相手の特定のふるまいに関して不信を抱いているか、信頼も不信も抱いていないかのいずれかである。後者の可能性が認められる限り、不信をたんなる信頼の欠如状態として理解することはできない。

不信の規範性

不信が何で「ない」かはわかった。それでは不信が何で「ある」かを示すことはできるだろうか。不信をめぐる従来の研究において主張されてきたのは、不信の規範性である[02]。

車を所有しておらず、運転する習慣もない友人と二人で旅行する状況を想像してほしい。あなたは友人と旅行先の移動手段について話しながら、「わたしはきみがレンタカーを運転するだろうとは思っていない」と伝えるとしよう。少なくとも車の運転に関しては、友人に信頼を抱いていないことを示すわけである。それだけなら、必ずしもその友人を非難したり侮辱したりすることにはならない。けれども言葉であれ表情であれ、ともかく「わたしはきみがレンタカーを運転してはくれないだろうと「不信」を抱いている」と伝えればどうだろうか。友人の反応は変わるだろう。「どうして自分が「不信」を抱かれなければならないのか」。

そう言い返されてもおかしくはない。このとき、友人に「誤って不信を抱いたこと」を認めるなら、あなたは自分がその友人に謝罪するべきだと思うのではないだろうか。

対して、友人に「誤って信頼を抱かなかったこと」を認める場合には、必ずしも自分を責めたり相手に謝罪したりすることはない。運転しないとばかり思っていた友人が、実は車が大好きで、毎日のように乗り回していることがわかったとしよう。そのときあなたは「思い違いをしていた」と言って、あらためて友人に信頼を示せばいい（「そういうことなら、ぜひ旅行先ではレンタカーを運転してほしい」）。

この違いはどこからやってくるのだろうか。おそらく、不信には何かがこうある「べき」だという態度が伴われているところに手がかりがある。旅行先で運転してはくれないだろうという不信を抱くとき、本来なら運転してしかるべきだという思いがある。どうせ食事をおごってはくれないだろうという不信を表明するとき、本来ならおごるべきだという思いをあえて伝えようとしている。これらを規範的な要求と呼ぶこともできるだろう。それだけの要求を課すからこそ、不信が誤って抱かれたときには自責の念を覚え、不信が誤って表明されたときには相手に何らかの謝意を示さなければならない。

この点では不信と信頼には共通点もある。どちらもただの期待や、期待の欠如ではなく、相手がどのような欲求を抱くのであれ、あれこれの仕方でふるまうべきだという規範に関与する。

不信には是正の力がある

規範性の観点から不信のもう一つの特徴を指摘することができる。それは状況を是正しようとする実践的な力である。

前述したように、不信が抱かれるときには「本来は」こうするべきだったのに、という思いが含まれている。だからこそ、その思いを表明することはあるべき「本来の」状況の実現に貢献することがある。たとえば通常、経営者と従業員のあいだには権力関係がある。この関係においては、特定の従業員が経営者に命じられるまま、無給で時間外労働を強いられることもあるだろう。それは法的、道徳的に不当な状況ではあるが、その不当さが従業員自身に意識されているとは限らない。権力関係があるからこそ、従業員は時間外労働を当然のようにこなしてしまうかもしれない。

しかし、それが就業規則から逸脱した労働であることを、同僚や、労働組合から教えられたとしよう。そのとき従業員は「本来は」経営者が就業時間を定め、残業に対してはしかるべき時間外手当を支払うべきであるにもかかわらず、それらが無視されていることに関して不信を抱くことになるだろう。それは自分が不当な状況に置かれていることを自覚する、ということでもある。そしてそのような不信を周囲に、あるいは経営者に対して直接に表明することには、一種の実践的な効果も伴われる。表明された不信が相手に受け入れられるならば、「経営者は就業規則を遵守するべきである」とか「残業には手当を支払わなければならない」といった「本来の」規範にしたがうよう促されるからである。ここに、状況を是正しようとする不信の力の一端がある（もちろん、権力関係において優越する相手に不信を表明することができるのか、という現実的な問題はある。これは本章の後半で検討する）。

以上、不信の一般的な特徴を検討してきた。その内容を要約しよう。(1) 不信は信頼がただ欠如している状態ではない。(2) 不信には相手があるべきふるまいから逸脱しているという規範的な含意がある。(3) そうした不信を抱き、表明することには状況を是正する実践的な力も見出される。

認知的な層

これらの特徴を踏まえて、さらに不信の態度を明確化しよう。信頼と同じように、不信も一枚岩の態度ではない。信頼をめぐる第一章から第三章の議論を援用するなら、不信を認知、感情、制度にまたがる多層的な態度として分析することができる。

まずは認知的信頼の層に立ち戻ろう。このタイプの信頼は「相手はこちらの利益にかなうように行為するだろう」という肯定的な期待として理解される。そこでは信頼する側も、される側も、それぞれの自己利益を追求する道具的に合理的な主体であると想定してほしい。この想定をとると、「相手がこちらの利益にかなうように行為する」のは、その行為が結果として相手の自己利益にもかなっている場合である。たとえば新幹線の車内、あなたの後ろの席に座った乗客に対する「わたしの眠りを妨げないだろう」という信頼について考えよう。その乗客があなたの眠りを妨げようとしないのは（あなたが眠ろうとして座席を倒すのを許容してくれるのは）、あなたとの相互協力を介して、自分の乗車時間を少しでも快適なものにしようとするためかもしれない。そのような意図がその乗客自身の利益に根ざしているとしても、それがあなたの利益にもかなっており、それゆえあなたにとっても望ましいことは事実である。だから政治学者のラッセル・ハーディンは「こちらの利益にかなうよう」行為しようとする相手の意図を「正当な意図」と表現し、これが認知的信頼を支えていると考える。[03]

この発想を出発点として不信を考えるとどうなるだろうか。前述したように、不信は信頼がただ欠如しているだけの状態ではない。つまり、たとえこちらの利益に配慮する「正当な意図」が欠けていると思われたとしても、その相手に対してただちに不信が抱かれるとは限らない。新幹線の座席を倒して、気持ちよく眠りかかっていたあなたは、隣席の乗客のイヤホンから音漏れがしても「まあ、わたしのために静かにすることが、この人自身の利益になるわけではないからな」と思い、しぶしぶ耐えることもできるだろう。この時点では、隣席の乗客に対して「わたしの眠りを妨げないだろう」という信頼を抱くことはできないものの、かといって何らかの不信を抱くには至らない。けれども、あなたが「すみません、もう少し音量を下げてもらえませんか」と頼んだにもかかわらず、それが聞き入れられなかったらどうだろうか。このとき、あなたは相手が「こちらの利益にかなうよう」行為する見込みがないばかりか、こちらの利益をあえて無視しようとしていることを知ることになる。不信が意識されるとしたらこの段階である。ただ、これくらいでは不信は「芽生える」ほどで、強く、持続的に抱かれるわけではないだろう。この点に関して哲学者のエドナ・ウルマン＝マルガリートは不信を認知的態度とみなした上で、これをあるかないか、抱かれるか抱かれないかの二元論ではなく、強弱の程度を有する複雑な態度として理解することを提案している。

わたしがあることがらに関して、あなたがわたしの最善の利益のために行為するつもりがないという信念を実際に持つようになれば、わたしはあなたに不信を抱きはじめる。あなたの意図に疑念を抱くようになると、あなたに対して抱かれるわたしの不信は増大する。そしてあなたがそのことがらに関して、わたしの利益に反する行為を本当に取るだろうという信念をわたしが持つようになれば、この不信はさらに増大することになる。04

このような不信のスケールの、もっとも強力な不信のありようを想像してみよう。それは相手がこちらの利益を無視するだけでなく、積極的に毀損しようとすることが「わかる」場合である。隣席の乗客が「静かにしてほしい」というあなたの懇願を黙殺したばかりか、座席を揺らしたり、肘掛けをパーカッションがわりに叩きはじめたりしたら、あなたは相手があなたの利益を標的として、あなたの利益だからこそそれを毀損しようとしていると思い、拭いがたい不信を抱くはずである。

感情的な層

したがって、認知的信頼の観点からは、信頼と不信の関係を次のように要約することができる。信頼が相手の「正当な意図」に基づくのに対して、不信は「不当な意図」に基づく。

ただし、正当さや不当さの基準は一つではない。合理的選択理論に基づく認知的アプローチの典型では、こちらの利益に対する配慮や促進が正当さ、反対に利益の無視や毀損が不当さにあたる。対して、ヒューム的発想に由来する感情的アプローチの立場からは、信頼される側の意図の正当さは「善意」の概念によって説明される。善意とはこちらの利益に対する配慮だけでなく、誠実さや、親愛の情、利他的傾向性から成り立つ感情的状態である。[05]

繰り返しになるが、不信はたんなる信頼の欠如状態ではない。不信の感情的側面に注目するとしても、善意が感じられないだけでは不信には至らない。「あの人に対しては、どうも不信を感じてしまうんだよね」という人にその理由を尋ねるとしよう。「たぶん、わたしに善意を向けてくれないからだと思う」と返答されれば、「それはちょっと違うだろう」と言いたくならないだろうか。「べつにあの人を信頼しなくてもいいけれど、不信まで抱くことはないんじゃないか」。

善意の不在だけでは不信は成り立たない。こちらの期待をあえて無視し、それに反して行為しようとする「悪意」が感じられるときに感情的不信は抱かれる。そして感情的信頼と感情的不信もまた、善意と悪意という感情的状態の強弱にしたがったスケール上を動いている。はっきりとした善意に対してたしかな信頼が抱かれるように、あからさまな悪意に対する不信を払拭することは難しい。さしたる善意も悪意も感じられない場合、いわば感情の無風状態では、相手に対して信頼も不信も抱かれないことだろう。このように自己利益か、感情かという参照点の違いはあっても、感情的不信は認知的不信と同じく相手の「不当な」動機に向けられている。

他方、感情的不信には感情に由来する固有のバイアスもある。哲学者のカレン・ジョーンズが指摘するのは不信の(i)頑強性と(ii)波及性である。[06] (i)まず、感情的不信は感情的信頼と同様、信念に対してしかるべく反応するとは限らない。ひとたび悪意を感じとるようになると、その相手が信頼に値するという証拠が示されたとしても、なお信頼には至らず、相変わらずの不信を抱き続けることがある（「わたしが間違っているのかもしれないけど、どうしたってあの人のこと、うさんくさく「感じて」しまう」）。

(ii)また、感情的不信は本来の対象から、それに近接する別の対象に広がることがある。個別的事例から、その事例を含む集団に誤った一般化がなされる可能性もある。たとえば、ある個人が特定の地域の出身であり、かつ犯罪を犯した場合、出身地を同じくするほかの人々にも不信が向けられるかもしれない。これら感情的不信のもたらす負の側面については次節で詳しく検討する。

制度的な層

さて、不信を認知的ならびに感情的な層から検討してきた。いずれの説明も不信を抱かれる側の動機の側面に焦点を絞っていたことに注意しよう。認知的不信の場合はこちらの自己利益を損なおうとする「不当な意図」、感情的不信の場合はこちらを脅かそうとする「悪意」が核心にある。しかし、動機に訴えるだけでは不十分かもしれない。たとえ不当な意図や悪意が予期されたとしても、不信が抱かれるとは限らないからである。次のような事例を仮想してみよう[07]。

受刑者と刑務官：ある受刑者Aは脱獄をもくろんでおり、あの手この手で刑務所の職員を買収してきた。だが、一人の厳格な刑務官Bだけは職務に忠実で、Aの脱獄を見逃してくれそうにない。それどころか、BはAのことを憎んでいて、何としても脱獄を阻止しようとするだろう。

この場合、受刑者Aは刑務官Bに対して、自分を脱獄させてくれるかどうかに関して不信を抱くだろうか。BはAにとって不当な意図と悪意を兼ねそなえている。だが、それにもかかわらず、BはAの不信がさし向けられる対象としてはふさわしくないと思われるかもしれない。

もしそう思われるとしたら、おそらくその理由はAとBの関係が刑務所という制度的環境に置かれているからである。AにとってBは刑務官として自身に課せられた規範を理解し、それにしたがって行為しようとする「役割を担った主体」とみなされる。第三章ではそうした主体に対する肯定的期待を制度的信頼として分析してきた。この制度的アプローチをとると、相手が正当な意図や善意を持ち合わせていることは信頼が成立するための必要条件でも十分条件でもない。医師のように「役割を担った主体」はどれほど患者の利益に配慮し、善意をかたむけたとしても、医師としての規範を引き受けなければ信頼を得られないことがある（また、医師としての規範さえ引き受けていれば、患者に不利益をもたらし、善意を欠落させていたとしても信頼を得ることがある）。

同じように、制度的不信が成立するための条件について考えてみよう。何らかの規範を引き受けるだろうという肯定的期待が欠如しているだけでは、不信が抱かれるとは限らない。不信に至るためには、もう一歩の期待、すなわち「相手がある状況において特定の制度のもとにあり、それゆえその制度の規範にコミットする「べき」であるにもかかわらず、それを果たさないだろう」という否定的な期待が必要とされる。「受刑者と刑務官」の事例ではこの条件が満たされていない。受刑者の脱獄を助けることは、刑務官として引き受ける「べき」制度の規範には含まれていないからである。

このような不信は人と人が向かい合い、動機を探り合う対面の状況でなくても成立する。見知らぬ他人同士が遠い場所に隔たっていても、相手に課せられるコミットメントが果たされないことが予期される場合には制度的不信が抱かれる。たとえば「政治不信」や「年金不信」といった話題で政治家や官僚に不信がさし向けられるとき、問われているのはこの意味での制度的不信である。

不信が深まるとき

とはいえ、制度の規範に訴えたとしても、やはり不信を説明するには不十分に思われるかもしれない。相手に課せられるはずのコミットメントが果たされないからといって、すぐさまその相手に対する不信が成立するとは限らない、という反論である。次のような事例を想像してみてほしい。

刑務官との友情：受刑者Aは一人の刑務官Cと仲良くなった。その刑務官Cは受刑者に善意をもって接することで知られており、受刑者のためなら、刑務所において課せられるはずの規範にしたがおうともしない。Aはお人好しの刑務官Cを言いくるめて、脱獄しようと試みる。

制度的アプローチをとると、この事例でも不信の成立する余地はある。受刑者Aが刑務官Cに「自分の職務を果たさないだろう」（だから脱獄できるかも）という不信を抱くのである。だが、この言い回しはどこか奇妙に響くのではないだろうか。その要因はいくつか考えられるが、一つはこの事例にあって、不信に伴われるはずの脅威が欠落していることにある。[08] 前節で述べたように、不信にはそれを表明することで不当な状況を是正し、自分にふりかかる脅威に抗おうとする実践的な力もある。ところが「刑務官との友情」の事例では不信をあえて表明し、状況を変えていこうとする必要がない。それどころか、脱獄をもくろむ受刑者にとっては状況が変わらないほうが望ましい。

他方、次のような事例はどうだろうか。

悪徳刑務官：刑務所には非人道的な処遇を禁止する規範があり、いかなる刑務官もそれを自分に課せられた規範として引き受けなければならない。それなのに、刑務官Dは受刑者に憎悪をつのらせ、受刑者の利益を損なうためには刑務官の規範から逸脱し、虐待さえためらわない。

この場合、受刑者が刑務所内の処遇に関して刑務官に不信を抱くことに違和感はないだろう。「刑務官の友情」と「悪徳刑務官」の事例を比較してみてほしい。いずれの事例においても、それぞれの受刑者は刑務官がしかるべき制度の規範を引き受けないことを予期するだろう。ただ後者の事例では、それに加えて受刑者に向けられる刑務官の不当な意図と悪意が認められ、結果として受刑者は制度的不信だけでなく、認知的不信と感情的不信を複合的に抱くことになる。ここに不信の深まりがある。信頼が多層的に醸成されるように、不信もまた多層的に積み重なるのである。こうして不信を深めることは自分に加えられようとすることがらの不当さや、身に迫った脅威を自覚することであり、深められた不信を表明することには状況を変えようとする実践的な力も伴われる。「悪徳刑務官」のような事例における不信の典型には、こうした力が関わるのではないだろうか。

2　妄想と寛容のあいだ

偏見の色メガネをかける

いったん立ち止まろう。ここまで、信頼の理論を援用して不信の多層構造を明らかにしてきた。これが「不信とは何か」という問題に対する回答である。ではもう一つの問題、「不信にはどのような力があるか」についてはどうだろうか。すでに述べたように、不信には脅威に抗い、不当な状況を変えようとする「正の力」がある。ただ、それだけではない。不信の両義的な力に注意を払っておこう。不信という態度には誰かを不当に貶め、危害を加えようとする「負の力」も伴われることがある。

負の力は「不適切な不信」において際立つ。その大がかりな事例として陰謀論の影響を考えてほしい。メディア不信、食の不信、政治不信といったものが度を越していると思われることはないだろうか。不信を抱くべきではない証拠、あるいは信頼を抱くべき理由が示されたとしても、不信を抑えることができない。反証によって揺るがされず、それどころかいっそう不信を燃え上がらせる。あらゆる報道を疑い、販売される食品を受けつけず、さまざまな悪行の背後に政治組織が暗躍していると思いこむ。これらの錯乱には不信が深く根を降ろしている。哲学者のトゥルーディ・ゴーヴィエによれば、度を越した不信は「わたしたちの現実の感覚を侵食するほどになり」、「現実離れした、陰謀論的で、ほとんどパラノイア的な世界観」をもたらす危険がある。[09]

危険は日常のささいなやりとりにも潜む。一例として挙げられるのは人種に対する偏見やステレオタイプである。人種差別に抗する市民運動や学校教育の努力にもかかわらず、米国ではなお、白人男性と比較すると黒人男性のほうが「不適切な不信」にさらされやすい（結果として、若い黒人男性は何もしていなくても頻繁に警官から呼びとめられる）。[10]この場合、黒人男性に対する不信は人種的な偏見を反映している。第二章において、それを介して世界を見る色メガネに信頼をなぞらえたことを思い出そう。さしたる根拠もなく特定の属性の人々を疑い、距離を取ったり、中傷を加えたりするとき、不信は偏見の色メガネとして機能することになる。とりわけ偏見に基づく感情的不信の波及性は煽動者に悪用されてきた。人々の感情を揺さぶる特殊事例をことさらに取り上げ、その事例に関わる人と属性を共有する集団全体が悪意を持っているかのような「パラノイア的な世界観」を仕立て上げるのである（たとえば一部の難民の犯罪歴をもって、難民全体に対する不信をかきたてようとする扇動を想定してほしい）。

しかも、特定の集団に対する不信の煽動はメディアによって強められ、拡張されもする。十七世紀のイングランドにおいては、カトリック教徒が国家転覆を企てているという陰謀論が印刷物を通じて拡散され、イングランド全土に及ぶ政治的な混乱がもたらされた。一九二三年の関東大震災では朝鮮人が放火や略奪をおこなっているという虚偽情報が流布されたが、この流言の強化と拡大に新聞各紙が役割を果たしたことが明らかになっている。ラジオ放送によって敵対する集団に繰り返し浴びせられたヘイトスピーチが、一九九四年、ルワンダにおける凄惨な虐殺を引き起こす一因になったことはよく知られているだろう。二〇二二年、ロシアのウクライナ侵攻に際しては「ロシア系住民に対するジェノサイドを防ぐ平和維持活動」のプロパガンダのもと、「ロシア系住民」の被害を訴えるおびただしい映像が捏造されてインターネットに配信され、侵攻の正当化がなされようとした。

それぞれの事例の背景には複合的な要因があるが、いずれにも不適切な不信を扇動しようとする動きがある。不信が煽られ、膨れ上がったとき、それを制御することはきわめて難しい。

ヘミングウェイの妄想？

このように、不信には状況を変革する力がある一方、それが不適切に抱かれ、表明されるときには人々を不当に貶めることもある。その力がメディアによって増幅されれば社会生活の安定さえ揺さぶられるだろう。

しかし、不適切な不信という発想には異論もあるかもしれない。「適切な」不信と「不適切な」不信を区別できるのか、という根本的な疑問である。

たとえば、作家のアーネスト・ヘミングウェイは晩年、「パラノイア的な世界観」にとりつかれていたと伝えられる。彼は連邦捜査局が自分をつけ狙っているという不信に悩まされており、電話は盗聴され、外出すれば捜査官に尾行されるに違いないと怯えきっていた。周囲の人はそれを妄想とみなして精神科に送りこみ、電気ショック療法によって彼を「治療」しようとした（この電気ショックが彼から記憶力と創作意欲を奪ったという見方もある）。ところが現在では、それが妄想として片付けられるものではなく、実際に連邦捜査局の関与があったことが明らかになっている[11]。後年に公開された連邦捜査局の資料にはヘミングウェイに関する膨大な情報が記録されており、この記録は当時の捜査官がどれほど執拗に彼を追跡し、監視していたかを証し立てている。

とすると、ヘミングウェイの捜査官に対する不信はどれほど「不適切」だったのだろうか。そもそも、ある不信が適切か、不適切かをいかにして判断すればいいのだろう。

この問いに答えるため、不信に「値する」という観点を導入したい。第一章以降、信頼することと信頼に「値する」ことを区別してきた。前者が信頼する側の態度である一方、後者は信頼される側の特性や傾向を意味している。同じように、不信に関してもそれを抱く側の態度と、抱かれる側の特性や傾向を区別することができるだろう。不信を抱かれる側について、わたしたちはある人があることがらに関してどれほど不信に「値する」か、それとも「値しないか」を問うことができる。

では、不信に値する特性や傾向とはどのようなものだろうか。おおまかには、それは「嘘をついたり、わざと欺いたり、約束を破ったり、偽善的だったり、不誠実だったり、こちらを操ろうとしたり、堕落したり、いい加減だったり、道徳的規範にしたがうだろうと思えなかったり、無能だったり、こちらに何の関心も持っていなかったり、あえて危害を加えようとしたりする」ことにある。[12]ただ、これは不信に値することについての包括的な列挙に過ぎない。もう少し分析を加えることはできないだろうか。手がかりとなるのはやはり不信の多層構造である。さしあたっては、不信を「不確実な状況において何らかのことがらに関して抱かれる、相手に対する否定的な期待」と定義しておこう。不信の「否定的な」期待とは、信頼の「肯定的な」期待とは反対に、それが不信を抱く主体にとって望ましくないものに向けられていることを含意している。その上で、本章のこれまでの議論を踏まえると、この態度を次のように細分化して整理することができるだろう。

認知的不信：「相手はこちらの利益を損なうだろう」という否定的な期待。
感情的不信：「相手はこちらに対して悪意をもってふるまうだろう」という否定的な期待。
制度的不信：「相手は特定の制度の規範にコミットしなければならないにもかかわらず、それをしないだろう」という否定的な期待。

この整理にしたがって、信頼に値することと不信に値することの内容を明確化しよう。(a) 認知の層では、信頼に値することはこちらの利益にかなう「正当な意図」を持っていることを意味するる。(b) 続いて感情の層では、信頼に値することは「善意」をもってこちらの期待に応答することであり、不信に値することはこちらに「悪意」を向け、期待にも応えようとしないことにある。(c) 最後に制度の層では、信頼に値することは特定の制度における、しかるべき規範に対するコミットメントに求められ、不信に値することは反対にそのようなコミットメントを果たそうとしないことに認められる。

もちろん現実には、ある人があることがらに関して不信に値するかどうかが、認知、感情、制度のいずれかの層において排他的に問われることは稀だろう。それは(a) 利益の所在、(b) 悪意の有無、(c) 課せられている制度の規範といった要素の重なりから複合的に判断されるほかはない。

カサンドラの悲劇

ともあれ、こうして不信を抱かれる側に注意を払うとき、不適切な不信を説明する指針が得られる。それはあることがらに関して、本来は不信に値しないはずの相手に抱かれる不信である。

この指針にしたがって、若い黒人男性が警官に呼びとめられるという状況を再検討してみよう。それが問題視されたのは、特定の人種に関する偏見から警官が市民にあからさまな不信を向けているからである。さきほどの議論に基づき次のように状況を整理できるだろう。さしたる証拠もないのに警官は「偏見の色メガネ」を介して相手が悪意をもって何ごとかをしようとしているという「感じ」、すなわち感情的不信を抱いている。しかし、実際には警官が呼びとめた市民はそのような悪意を抱いておらず、その限りにおいて感情的不信には値しない。したがって警官の不信は、本来ならば不信に値しないはずの相手に対して抱かれているゆえに不適切とみなされる。

ヘミングウェイの事例はどうだろうか。もし「捜査官にたえず悪意をもって盗聴され、外出時には必ず尾行されている」という感情的不信を彼が抱いていたとすれば、その不信は度を越しており、不適切だったかもしれない。ただ、公開された連邦捜査局の調査報告によれば、ヘミングウェイの捜査官に対する不信がそれなりに的を射たものだったことがわかる。捜査官によって自分の利益が損なわれようとしているという認知的不信、あるいは捜査官としての本来の職務から逸脱してまで、自分が執拗に監視されているのではないかという制度的不信は必ずしも不適切とは言えないだろう。実際、捜査官はそのような不信に値するだけのふるまいをしていたのである。

不信の不適切さには程度の差もあることに注意しよう。これまで考察してきたのは「不信に値しないにもかかわらず、不信が抱かれる」場合だった。いっそう不適切な不信を考えるために、従来の信頼研究において「カサンドラ問題」として知られる状況を想定してみたい[13]。この問題はホメロスの叙事詩『イリアス』のカサンドラ王女をめぐる、次のような物語において表現されている。

呪われた予言：トロイアの王女、カサンドラはアポロンから求愛され、予言の力を授かった。しかしその力によって、カサンドラはアポロンの愛が冷める未来を知ることになり、彼の求愛を拒否する。怒ったアポロンはカサンドラの予言に呪いをかける。「予言は的中するけれども、誰もそれを信頼しない」という呪いである。トロイア戦争において、ギリシア軍が木馬（いわゆるトロイの木馬）を置いて撤退したとき、カサンドラはそれが罠であることを予言したが、誰にも聞き入れられなかった。木馬は城内に持ちこまれ、罠に陥れられたトロイアは滅亡する。

これはつまり「信頼に値するにもかかわらず、信頼されない」、あるいは「信頼に値するにもかかわらず、不信が抱かれる」状況である。アポロンの呪いがなくても、このたぐいの悲劇はいくらでも起こりうる。メディア不信を例にとってみよう。記者がきちんと取材して、事実に基づいた報道をしているにもかかわらず、（しばしば権力者の扇動によって）不信がさし向けられることは珍しくない（メディアに対する「フェイクニュース」というレッテルは目新しいものではなく、かつてナチスを批判するメディアには「リューゲンプレッセ」（嘘つきメディア）という非難が浴びせられた）。

まとめよう。これまで「不信にはどのような力があるか」を明らかにするために、不信の多層構造を示した上で、この態度の適切さ、不適切さの評価の基準にも分析を加えてきた。信頼と同じように、不信にも「ズレの問題」がある（第二章第1節参照）。不信を抱く側の態度と、不信を抱かれる側の実態のあいだにはギャップが生じうるのである。ギャップは「不信に値しないにもかかわらず、不信が抱かれる」場合よりも、「信頼に値するにもかかわらず、不信が抱かれる」場合に大きくなるだろう。このギャップのために不信は不適切なものとなる。それがさし向けられる相手に脅威をもたらし、ときに社会の安定性を揺さぶる。不信の負の力はここに認められる。

いかにして脅威に抗うか

では、このような不信の脅威に抗うことはできるだろうか。この実践的な問いに対して、以下に三つの方法を検討する。[14] いずれも不信をめぐる先行研究に蓄積された知見ではあるが、結論を先取りすると、残念ながら即効性の解決策はない。解決を急ぐとかえって状況が悪化する可能性すらある。その問題の所在を確認しよう。

第一に、不適切な不信を向けられても、自分が不信に値しないこと、あるいは信頼に値することの証拠を示すことができる。自分が「まっとう」であることを相手にわかってもらうわけである。

この方法は状況によっては有効である。「あなたはわたしの利益を損なうだろう」という認知的不信だけが向けられている場合には、相手の利益を損なわないことが自分の利益に含まれていることを示せばいい。[15] ただし、相手が否定的な感情にとらわれている場合には、何かの証拠によって不信を撤回させることは困難な道のりとなる。しばしば感情的不信には頑強性と波及性が伴われるから、相手は自分の誤りを認めず、不信を手放そうとしないかもしれない。また、こちらが不信に値しないこと、信頼に値することの証拠を示そうとするほどに相手の不信を強化するおそれもある。たとえば、誠実そうな表情は信頼に値することの視覚的な「しるし」になりうるものの、その表情を意図的に作り出すことは容易ではない。信頼に値するように「感じられる」表情筋の細かな運動は、当人にとってなかば無意識のまま「自然に」駆動する傾向にあるからである。

「なんとなく、あなたの顔つきが疑わしいから」。

そんな理由で不信が向けられる状況を想像してみよう。どうすればその不信を払拭することができるだろう。柔和な、にこやかな笑顔を作ってみせればいいだろうか。しかし、そんな表情を作ろうとするほどに、かえって不自然な印象を与え、むしろ不信に値する「しるし」と受け取られてしまうかもしれない。

そこで第二に、不適切な不信を向けてくる相手に対して、それが不当であることを抗議するというやり方がある。「「なんとなく」で人を疑うな」と面と向かって異議を申し立てればいい。相手との関係が対等であればそれも可能かもしれない。こちらがひるまなければうまくいく見込みもある。

しかし、やはり難しいのは、不信がそれを抱いている本人に必ずしも自覚されていないことである。あからさまな悪意を伴って発話されるヘイトスピーチのような場合には、不信の扇動に対する抗議や、異議申し立てが認められる余地もあるだろう。だがもっと微妙な状況、たとえば特定の人種の人とすれ違うときだけ、財布をぎゅっと握りしめるといったふるまいはどうだろうか。これはマイクロアグレッションとして解釈されるような不信の表現である。哲学者のレジーナ・リニによれば、こうした表現を向けられた側は「自分の勘違いではないか」という懸念をふり払うことができず、それがマイクロアグレッションに固有のストレスをもたらす[16]。抗議に踏み出せたとしても、不信を表現したはずの本人がそのことに無自覚であり、だからこそ強い反応を引き起こす可能性がある。相手を怒らせるだろうという懸念は抗議そのものをためらわせる原因ともなるだろう。

「寛容に受け入れよ」

このように不適切な不信をひとたび向けられると、それを払拭するのは並大抵のことではない。

強気な人は非難や罰則、柔軟な人は恥や後悔に訴えることによって他人の不信をあらためさせようとするかもしれない。しかし前述したとおり、非難を浴びせ、罰則を加えるだけでは不信を抱いている自覚のない人の態度を変えることはできない。また、恥や後悔は一般にその社会に支配的な規範との関係にしたがって喚起されるから、たとえば特定の人種や性別に対する差別が常態化した社会状況にあっては、差別に根ざした不信の表明について恥じいらせたり、後悔させたりすることは難しい。この状況を打開するには、不信を誘発する社会構造や社会規範そのものの正当性を問いかけ、その改変に向かって人々を促すような長期的アプローチが要求されることだろう。この意味で、不適切な不信をすぐさま治療する即効薬は存在しない。

いや、もっと手早い、それでいて根本的な解決策があるかもしれない。不信の態度をあらためさせるのではなく、いっそのこと不信を寛容に受け入れよ、という考え方である。この第三の方法を「不信の全面的受容」と呼ぼう。

この考え方によれば、不適切な不信を向けられたとしても必ずしもそれに抵抗するべきではない。道ですれ違った見知らぬ人が、あなたと交錯するときだけ財布を握り締めるとしよう。相手がそれを自覚しているかどうかはさておき、その身振りを、あなたに金品を盗まれるかもしれないという不信の身体的表現として解釈することもできる。それでも顔をしかめたり、抗議をしたりしない。相手の不信を受け入れる。まるで不信に気づかなかったかのごとく、相手に信頼にされているかのように堂々としていればいい。それは信頼に値する「しるし」を意図的に表示してみせるよりも容易だし、あなたの寛容な態度は結果として多くの人々の信頼を誘うものにもなるだろう。

しかし、不信の全面的受容には危険もある。いわれのない不信にさらされる状況を想像してほしい。一度きりであれ、それを冷静に受け入れることができるだろうか。頭では寛容の美徳、その道徳的な価値を理解していたとしても、いざ不信を向けられれば平常心を失い、否定的な経験が重なるほどに自尊心が損なわれていく。「あなたのことを信頼している」という表明に信頼の治療的な効果が伴われるとすれば、「あなたに不信を抱いてしまう」という表明にはそれと反対の、相手の自信や誇りを削り取る負の力がある。不信にさらされるのは毒をあおるようなもので、寛容であることはその解毒剤にはならないのである。不信の全面的受容がうまくいく状況もあるが、場合によっては不信を受け入れようとして、抵抗を放棄した人の生命すら脅かすことになりかねない。

他方、こうして不信の全面的受容が否定されるとき、それとは逆方向の、しかし同じくらいラディカルな提案もなされてきた。それは「不信の全面的否定」である。

この提案は不信を抱かれる側ではなく、不信を抱く側からなされる。わたしたちは日常的に、さまざまな相手に不信を抱く。たいていの場合、自分ではその態度が適切だと思っているかもしれないが、それが不適切なものではないと言い切れるだろうか。偏見に染まっていない保証はあるだろうか。もしかすると、自分でも気づかないうちに的外れな不信をさし向け、相手を脅かしているかもしれない。この懸念、いわば「不信に対する不信」が不信の全面的な否定を促す。「ならばいっそ、不信など抱かないほうがいいのではないか、手放せるものなら不信を手放したほうがいいのではないか」という発想である。

この提案にある種の潔さを認める人もいるかもしれない。実際、不信の放棄は勇敢さの証とみなされることもある。よく知られた例としてマハトマ・ガンジーの言葉を引こう。彼は『デリー日記』において「敵だとみなされる相手も信頼するべきである。勇敢な人々は不信を抱くことを潔しとしない」と書き記している。[17] 敵にさえ不信を抱くべきではない。むしろ信頼をもってのぞむべきである。先ほどは不信を向けられる側が、それを「寛容に」受け入れるという方法を検討したが、こちらはむしろ、不信を抱く側がそれを丸ごと否定することによって「寛容に」なろうとする。

不信に対して不信を抱く

しかし不信の全面的受容と同じく、不信の全面的否定もまた危険である。

たしかに、かつてのガンジーのように指導的な立場にある人があえて不信に対する不信、敵に対する不信の放棄を訴えれば、かえってその戦略が抵抗運動を結びつけることもあるかもしれない。だが不信の全面的否定は多くの場合、戦略的に選ばれるのではなく、外圧によって強いられるのではないだろうか。本章の冒頭の、ソルジェニーツィンの生きたソ連の社会状況を思い起こしてみよう。政府に対する不信を率直に表明することは自殺行為となる。不信を抱いているそぶりを見せるだけで密告され、逮捕されて収容所に入れられるかもしれない。この環境では「不信を放棄せよ」とか「寛容になれ」といった主張は政府の打ち出すスローガンであっても、市民が選び取ろうとする行為指針ではない。一人ひとりの市民にとっては、政府に対する不信を捨て去ることは抵抗の動機をみずから手放すことを意味する。

したがって、不適切な不信が深刻な脅威をもたらすとしても、不信そのものを全面的に否定するわけにはいかない。本章では不信の一般的な特徴として次の三つの要素を挙げていた。(1) 不信は信頼がただ欠如している状態ではない。(2) 不信には、相手があるべきふるまいから逸脱しているという規範的な含意がある。(3) そうした不信を抱き、表明することには、状況を是正する力も伴われる。これらの特徴を踏まえるなら、不信に値する相手に対してさえ不信を放棄し、信頼を推奨することは(3)の実践的な力すら無化してしまうのではないだろうか。

このように不信の両義的な力について考えるとき、信頼と不信をめぐって二種類の不適切さがあることに気づく。これまで、不信という態度の否定的な側面、その負の力にそくして不適切な不信を検討してきた。不適切さは不信を抱く側と、抱かれる側のギャップに由来する。つまり、(特定の人種の市民ばかりを呼びとめる警官のように) 相手が不信に値しないにもかかわらず、不信を抱くならば不適切な不信とみなされる。このギャップは (相手が不信に値しないどころか、) 信頼に値するにもかかわらず、不信を抱く場合に大きくなるだろう。

他方、不信という態度の肯定的な側面、その正の力にそくして別種の不適切さも認められる。それは (圧政を敷く政治家を盲信する市民のように) 相手が信頼に値しないにもかかわらず、信頼を抱く場合である。こちらの場合でも、信頼を抱く側と、抱かれる側のあいだにギャップがある。それは (相手が信頼に値しないどころか、) 不信に値するにもかかわらず、信頼を抱く場合に大きくなるだろう。これがもう一つの不適切さ、すなわち「不適切な信頼」である。

3　衝突を引き起こし、葛藤を作り出す

専門職への盲信

この「不適切な信頼」が本章の最後に検討される実践的問題である。「正当化されない信頼」、「有害な信頼」、あるいは「的外れな信頼」と表現することもできるだろう。問題の根は深いが、そこには信頼と不信という二つの態度の関係を再考するための手がかりもある。

不適切な信頼も不適切な不信と同じく、すぐさま解消できるものではない。生まれてから死ぬまで、わたしたちの多くはこの問題に悩まされ続けるだろう。その一つの要因は、他人がどれほど自分の信頼に値するか、それとも不信に値するかが不透明にとどまるからである。この不透明性は原理的にはあらゆる人間関係に潜在するものの、信頼する側と信頼される側に何らかの不均衡が認められる場合に顕著となる。哲学者のオノラ・オニールは、その典型として専門職に対する信頼に言及する。「医学、科学、バイオテクノロジー、それらを実施して規制する政治や制度、そしてそれらのために働く専門職を評価するために必要な情報や能力の複雑さは、わたしたちのほとんどを圧倒している」[18]。専門職と素人では特定の領域の知識、情報、能力に関して明らかな不均衡がある。それゆえ専門職のやっていること、言っていることはあまりに複雑で、難しくて、実態がほとんどわからないまま、「なんとなく」専門職を信頼してしまうことは珍しくない。

すでに第四章では、このような不均衡が社会生活の至るところに見出されることを指摘した。わ

たしたちが結ぶ現実の関係はしばしばいびつであり、不安定である。対等さが巧みに装われたり、かつて対等だった関係が時間の経過とともに不均衡に傾いたりする。不適切な信頼が引き出されるのはそのような状況である。「いいから、信頼してほしい」と誘われたとして、こちらには相手の信頼性を見きわめるだけの十分な能力や情報がそなわっているとは限らない。劣位にあれば、その誘いに抵抗することはなおさら難しい。

どうすればいいのか。すぐに思いつく対応は、意図して不信の構えを徹底することである。不均衡な関係にあっては、あらかじめ不信を抱いて対峙すればいい。相手が信頼に値するとわからない限りは信頼を差し控える。

だが、このやり方は必ずしも現実的ではない。専門職に対する信頼を考えてみよう。がん検診やワクチンの効能に関する医師の見解、大規模災害や遺伝子操作のリスクに関する科学者の分析、原子力や年金積立の運用に関する官僚の発表を信頼しようとせず、不信を徹底することができるだろうか。多くの人々にとって、これらの専門的領域に関わる事実的情報は十分に知られておらず、専門職にどのような具体的規範が課せられているのかも判然とはしない。対面して感情を交わし、相手の動機に探りを入れるだけの機会も保証されてはいない。しかし、だからといって全面的な不信をもって専門職のふるまいを拒否しようとすれば、たちまち社会生活は立ち行かなくなるだろう。それほどにわたしたちの社会は高度に専門的な知見に支えられており、生活の細部にわたって専門職に対する信頼を必要としている。

ただ、それでも専門職に対して「盲信」をつらぬくことはない。あらかじめ不信を抱くことが適切とみなされる状況はありうる。その状況を特定するための手続きとして、ここではマーク・アルファーノとニコール・ヒュイッツの研究を手がかりに、次の三つの特徴を挙げておこう。[19]

不信が要求されるとき
(1) 重要な価値が無視されたり、損なわれたりする恐れのある状況。
(2) 透明性が確保されず、情報提供に不備がある状況。
(3) 双方向性が欠けており、意見を十分に交換できない状況。

一般にこれらの特徴が満たされる状況では信頼を差し控え、不信を抱くことが望ましい。(1) まず、自分にとって価値あるもの、かけがえのないものに関しては、不適切な信頼の誘発をできるだけ避けなければならない。また、やりとりにおいて(2) 透明性や(3) 双方向性が不十分であるときには、相手が不信に値するかどうかを判別することが困難をきわめる（したがって相手にとっては、こちらから不適切な信頼を引き出すことが容易になる）。もう少し具体的に言い換えてみよう。(1) 相手がこちらの生きがいや、財産に踏みこもうとして、(2) よくわからない専門用語をまくしたて、(3) 対話の機会もそこそこに打ち切ろうとするとき、わたしたちには「不信の目」をもってその相手を見つめるだけの理由がある。どれほど立派な肩書きの相手であっても、盲信することはない。

抵抗の拠点を作る

不均衡な関係を強いられる相手に、あえて不信を投げかけること。この方法はとりわけ政治的な文脈において力を発揮する。なぜなら、政治権力は(1) 重要な価値、たとえば自由や平等といった基本的権利に関わることを、(2) 市民に対して説明を尽くさないまま、(3) 一方的な行政の手続きを通じて脅かすことがあるからである。ここに「政治的不信」の意義が認められる。

政治的不信はしばしば、抵抗や対決の姿勢をもって打ち出される。それがドラマチックに展開された事例として、マーティン・ルーサー・キング・ジュニア（キング牧師）の置かれた状況を検討しよう。[20] 一九六〇年代当時、公民権運動を率いるキング牧師の不信が向けられたのはいわゆる白人穏健派だった。穏健派には教師、聖職者、裁判官、政治家、そのほかのさまざまな専門職として差別的な政治制度を支持する白人が含まれていた。これらの人々は過激な白人至上主義者のように黒人に排他的な言葉を浴びせ、直接の危害を加えようとすることはなかった。黒人に「共感」や「連帯」を示してみせることさえあったかもしれない。しかし、キング牧師らの座りこみ運動に眉をひそめ、デモ行進に抑制を促してきたのは白人穏健派だった。彼ら、彼女らは公民権運動を後押しすることはなかったのである。

つまり運動の担い手からすると、白人穏健派は実のところ差別的な制度の側に立ちながら、心中の保身や恐怖を明かすことなく、一方的な自制の勧告によって運動を挫こうとしたのだった。一九六三年、バーミングハム刑務所に投獄されたキング牧師は次のように手紙に記している。

「黒人にとっての躓きの石はクー・クラックス・クラン〔白人至上主義の秘密結社〕ではなく、白人穏健派である」[21]。

この状況にあって、キング牧師がどこまでも不信を手放さなかったことに注目しよう。彼はガンジーと同じように非暴力主義をかかげながら、白人穏健派に対する闘争の姿勢を崩すことはなかった。ガンジーが「不信の全面的否定」、すなわち不信を手放して「敵だとみなされる相手も信頼するべきである」ことを説いたのに対し、キング牧師はむしろ、不信を打ち出して「建設的な緊張」を作り出すことを選び取ったのである（実際、バーミングハム運動にせよセルマ大行進にせよ、白人からの強い反発が予想される場所が彼の展開する運動の舞台となった）。

キング牧師の戦略は不信の観点から次のようにも理解できる。白人穏健派も人種差別を解消し、法の下の平等を実現するコミットメントを課せられていたにもかかわらず、それを引き受けようとしなかった。そのようなふるまいに対する不信を政治運動の局面において打ち出すことは、衝突を引き起こし、葛藤を作り出すことによって穏健派に対する不適切な信頼をみずから断ち切ろうとする試みにほかならない。

政治に対する信頼が失われているとか、不信が政治を行き詰まらせているといった指摘はつねになされてきたし、これからもなされるだろう。一面においてこの指摘はもっともであり、政治制度やそれを担う専門職に対する信頼は政治がうまく機能するために不可欠である。しかし、政治制度そのものを批判的に捉えるとき、あるいはその内容を民主的に作り変えようとするときには不信が要求されることもある。とりわけ政治制度が自分を抑圧するときには、不信を構えることが政治権力に対する防衛の役割を果たすだろう。不信はこのとき、自由と抵抗のための拠点となる。

いびつな現実に抗うために

これまでの議論を集約しよう。本章は二つの目的を持っていた。不信とは何かを明らかにすること、そして不信の力を見きわめることである。これらの問いに対しては、次のように応答することができる。

まず、不信とは「不確実な状況において何らかのことがらに関して抱かれる、相手に対する否定的な期待」である。この態度は(1)たんなる信頼の欠如状態ではなく、(2)規範的な含意があり、(3)不当な状況を是正する実践的な力を持つ。これらの一般的特徴を示した上で、不信の態度もその多層構造にしたがって明確化された。すなわち「相手はこちらの利益を損なうだろう」という認知的不信、「相手はこちらに対して悪意をもってふるまうだろう」という感情的不信、「相手は特定の制度の規範にコミットしなければならないにもかかわらず、それをしないだろう」という制度的不信である。

いずれの層にも(2)規範的な含意があり、不信の対象には何らかのことがらに関して「不当な意図」や「悪意」、あるいは「規範からの逸脱」が認められるだろうという否定的な期待がさし向けられる。だからこそ不信を抱かれる側は、自分が何らかの規範にしたがって否定的に評価されていると受け取るかもしれない。自尊心が損なわれ、心身の深刻な危機が帰結することもある。しかし、これほどの力をそなえているにもかかわらず「不適切な不信」、すなわち「不信に値しない（それどころか信頼に値することさえある）相手に対して抱かれる不信」は珍しくない。とりわけ波及性と頑強性の傾向をそなえた感情的不信はときに煽動され、ときに偏見に支えられて不信に値しないはずの人々を脅かす。

不信の脅威を少しでも緩和するためには、行政や教育のシステムに働きかけつつ、扇動の規制や偏見をもたらす社会構造の改変を地道に試みるほかないだろう。少なくとも不信を全面的に放棄することは望ましい選択肢とは言えない。一般的な特徴として示されたように、不信には(3)不当な状況を是正する実践的な力もそなわるからである。不均衡な関係、それも透明性や双方向性が不十分である状況では、あらかじめ不信を構えておくことにも意義はある。「不適切な信頼」を誘い出そうとして圧力をかけてくる相手には、不信の態度によって「あえて」衝突を引き起こすのである。

不信の自由

このような不信の両義的な力を、本章の後半では政治活動のようなマクロな社会状況において検討してきた。しかし、もちろん、個人と個人の向かい合うミクロなやりとりからその力が発揮されることもある。

第四章の冒頭に触れた、「青い芝の会」の横塚晃一の思想に立ち戻って考えてもいい。横塚は二種類の、一見すると矛盾をきたすようにも思われる発言を残していた。一つは介助する側と介助される側、「健全者」と「障害者」は敵対的な関係を結び、「葛藤を続けていくべき」だとする主張。もう一つは、両者は「私とあなたの関係、それはいわゆる友達というか、きょうは一杯やるかというような関係、そういったものを作っていかなければならない」という提案である。これらの発言の真意を探ることは簡単ではないが、いまや、信頼と不信という二つの観点から解釈を試みることもできる。

介助関係は平坦なものではない。誰かに代わって何かをするとか、自分の何かを誰かに委ねるといったやりとりは、どうしても二者の関係を非対称なものとする。介助される側が「障害者」として差別をこうむることもあるだろう。横塚はこの不均衡に抵抗するために、あえて「健全者」に不信を表明し、「葛藤」によって対等な関係を実現することを目指したのではないか。そうしてはじめて、両者は信頼関係に入っていくこともできる。それは「私とあなたの関係」であり、「きょうは一杯やるかというような関係」である。

「信頼」が口にされるとき、しばしばそれをとり交わす人のあいだに何らの障壁もなく、お互い、まるで自由にふるまうことができるかのように語られる。しかし、現実に結ばれる関係の多くは移ろいやすく、いびつで、信頼、共感、寛容といった耳ざわりのいい言葉のもと、一方的な服従や忍耐が強いられることもある。そのとき、誘われるままに信頼に応えることは不均衡な関係を追認することになるかもしれない（横塚の指摘する「健全者社会」において期待されるとおりの「障害者」の役割を引き受けることは、「障害者差別」の構造を保存し、強化することになるだろう）。

他方、わたしたちは他人から期待される型を疑い、それを強いられるときには思い切ってそこから抜け出すこともできる。それは社会を根本から変革しようとする運動でなくてもいい。命を賭け、抵抗する必要があるとも限らない。ささやかなものであれ、状況を変えるための足がかりを不信は与えてくれる。[22] 不信の自覚とその表明はそれとない表情や身振りにも宿るだろう。わずかな戸惑いや、ためらい、拒否の仕草といったものも、不信のもたらす葛藤と自由の現れなのである。

結論　信頼と裏切りの哲学

外側から眺める

地球外の知的存在者がこの惑星の生命を観察すれば、あらゆる陸地に分布して、どこであれ優越する生態的地位を占め、大量の自然資源を消費する人間という種にすぐさま注意を払うことだろう。そしてこの種が、個体間のやりとりに関してほかの種には見られない特徴を持っていることに気づくに違いない。すなわち、人間だけが血縁関係を超えて大規模な協力行動に踏み出し、多種多様な社会的生産関係を生み出すことができる。

何がこのような協力を可能にしているのだろう。観察者は、人間が言語を介して複雑な意味を交わしていることに注目するかもしれない。言語は認知能力を飛躍的に向上させる。自分の行動の目的だけでなく、欲求や感情にも言語的な表象をあてがうことで、みずからの行動傾向を反省したり、抑制したり、引き伸ばしたりする（いま、空腹を感じるだけでなく、もうすぐ空腹になるだろうことを予期して、そのための行動計画を練るようになる）。ここから観察者は次のような仮説を立てることもできる。人間には、自分が目的とすることを実現するための手段を選び取る「道具的合理性」がそなわっており、この合理性が発揮されることで個体間の衝突が回避され、大規模な相互協力が実現しているのではないだろうか。お互いの利益のために手を結ぶ、という発想である。

しかし、観察を重ねるほどに、この仮説が不十分であることに思い至るだろう。道具的合理性だけでは、どれほど相互協力のためのモデルを洗練させたとしても「ここぞの裏切り」の機会を取り除くことができない（第一章参照）。手を結ぶふりをして、相手を出し抜く合理性を否定することができない。ところが現実には、裏切りによって自己利益が見込まれる状況においてすら、それでも裏切らないことがある。裏切りをこうむった側も一度や二度の失敗では挫けず、やりとりを継続することが珍しくない。どうやら少なからぬ人間には「それでも裏切らない理由」が与えられており、それが「ここぞの裏切り」の誘惑にさえ抗うだけの拘束力を与えているように見える。こうして、観察者は人間のやりとりの不思議に打たれることだろう。この種は自己利益の観点からはいくらか不合理な行動に出ることもあるけれども、原始的な行動傾向に動かされているとは思えない程度には複雑な社会秩序を構築している。まるで人間のあいだには容易には断ち切ることのできない、見えない糸が張りめぐらされているようで、その綾は道具的合理性の想定だけでは解きほぐすことができない。

ならば、人間の社会はいかにして秩序づけられているのか。この社会の根っこはどこにあるのか。本書が探究してきたのはこうした問いである。この探究の始まりに、肉体を破壊する拷問によって社会から駆逐されたジャン・アメリーの言葉を引用したことを思い出してほしい。人間の社会が秩序をそなえ、こんなふうに出来上がって「しまって」いることは、社会に居場所を持ち、その安定を疑わない成員にとっては当たり前のことで、いまさら秩序の根拠を問うまでもない。アメリーのように、あるいは地球外の知的存在者のように、社会を「外側から眺める」とき、はじめてその成り立ちが謎めいてくる。

本書もまた、「外側から眺める」観点にいささかなりとも身を置くようにして問いを立て、それに応えようとしてきた。探究の鍵は「信頼」である。社会の根っこには信頼がある。信頼を抱き、それに応えるというやりとりを通じて社会秩序の形成をめぐる謎が明かされるのではないだろうか。このような見通しのもと、人間を「信頼する主体」とみなすことは合理性についてより柔軟な見方を採用することでもある。人間は実にさまざまな意味で合理的であって、そのありようは道具的な構想に限られることはない。一言でいえば、本書が光をあててきたのは人間同士のやりとりにおいて「他人とうまくやる」合理性である。

やりとりの一つの側面として感情的交流がある。人間は憎悪や嫉妬、破壊衝動や自殺願望といった反社会的な傾向だけでなく、社会的な感情に導かれることもある。血縁選択を起源とする自発的共感や利他的衝動、あるいは互恵的関係をもたらす報恩や友愛の感情である。これらの感情はほかの動物の自然史とも地続きだが（警戒音声を介して捕食者の情報を伝え合ったり、お返しの毛づくろいをしたりする霊長類を思い浮かべよう）、本書ではとりわけ、人間の協力行動に関して特徴的な感情的交流の仕組みを検討してきた（第二章参照）。すなわち、相手は特定のことがらに関して自分の期待に応えてくれるだろうという楽観と、その楽観に応えようと動機づけられる傾向の組み合わせである。「感情的信頼」とは、このやりとりにおいて抱かれる感情的態度としての楽観を意味している。

「他人とうまくやる」合理性の観点から、感情的信頼について注目に値することは二つある。一つは、楽観と応答という二重の感情的要素は人間の発達させた自然的基盤に支えられており（たとえば一方が信頼性のシグナルを発し、他方がそれを知覚することで）、見知らぬ他人同士でもやりとりが成立しうること。もう一つは、楽観は推論から独立した感情的態度だからこそ、お互いの行動の果てしない深読みのせいで相手の出方を特定できない状況においてさえ、人間が思い切って協力に踏み出すこと（それゆえ「二重の偶発性」を突破すること）を説明してくれることである。

名前も知らない誰かが笑顔を向けてくる。その笑顔に応えようと動機づけられる。こういったやりとりを介して両者のあいだに感情的信頼の関係が成立する。それは裏切りをつねに抑制するほど強固なものではないが、少なくとも血縁関係や互恵的関係を超えた協力の量的拡張を実現することになる。ここにはほかの動物とは異なる、人間の社会に特有の秩序の秘密があるように思われる。

内側から眺める

とはいえ、それは信頼と呼ばれる態度の一側面に過ぎない。人間のやりとりは感情的メカニズムに支えられる一方、文化的継承システムにも影響される。親に抱きとめられる新生児のように、人間が自然的な基盤だけを頼りにして向かい合うことは稀であって、実際には親子でさえ、子どもが言語能力を発達させ、ある程度の学習を遂げたのちには「親」と「子」の役割にしたがってやりととりを交わす。

文化的次元において際立つのは制度の存在である。制度、すなわち実効化された規範の集積は人間を幾重にも取り巻いており、それぞれの規範は特定の社会的役割を介して個人に割り当てられる。この制度的環境において個人は何らかの「役割を担った主体」としてふるまうことになるだろう。一見、制度はその影響下にあるものを縛りつけるようだが、人間はみずから役割を引き受けることで誤解や衝突を避け、他人とのなめらかな相互協力を成し遂げることもできる。自分がいかなる制度のもと、どのような役割を担っているかわかれば、流動的で不確実な社会的状況でもしかるべき行動指針が得られる。しかも、制度はしばしば報酬と懲罰の仕組みを伴っており、何らかの役割を引き受け、特定の規範にしたがって行動することは必ずしも自己利益と不整合をきたさない。

しかし興味深いのは、人間はときに逸脱に対して懲罰が見込まれない場合、すなわち脅しがまともに効かない状況においてすら、なお制度の規範にしたがってふるまおうとすることである。「ただ乗り」ができそうなのに、「それでも裏切らない」ことがある。そのような人間は信頼に値する。あなたがどういう人か知らない。どれほどの善意をもって自分と付き合ってくれるのかもわからない。しかし、少なくともあなたがあなたの引き受ける社会規範にしたがって、期待されるとおりの役割を演じるだろうことは信頼できる。本書ではこのような信頼の層を「制度的信頼」と呼び、そこから社会秩序の謎に迫ろうとした（第三章参照）。

いや、よくよく考えてみよう、これはまったく不可解なことではないだろうか。人間ではない、知的な観察者は首を傾げることだろう。たしかに家事の分担から戦場の掟、資源分配の法規に至るまで、制度の規範は多種多様な役割として人間に課せられている。ある人は日中には教師、夕方には家庭人、夜にはゲームプレイヤーとしての役割を演じて、深夜、眠りについたときにはたえまない演技の連続から解放され、ようやく安らいでいるようにも見える。それだけの演技をやってのける認知的なリソースがどこにあるかと思えば、そのテンプレートはそれぞれの制度に累積的に継承されており、一人ひとりそれを愚かしいほど律儀に守っている。しかし、どうして裏切らないのだろうか。懲罰が実効化されておらず、制度的信頼を裏切っても不利益が帰結しないとわかっていれば、制度の規範など無視すればいいではないか。道具的合理性の観点からは「ここぞの裏切り」の機会を手放すことは不合理に思われる。

この問いにはさまざまな応答がありうるし、本書でもさまざまに検討してきたが、一つのアイデアは理解可能性、いわば「他人とうまくわかりあう」合理性の構想に訴えることである。

それは人間ならではのふるまいをただの身体運動や生理衝動ではない、「行為」とみなす発想に基づいている。行為はそれを遂行している行為者自身に、そしてその行為者とやりとりする他人に理解できるものでなければならない。これが理解可能性としての合理性の制約である。制度的環境にあって「役割を担った主体」は、特定の制度の規範にしたがって行為することでその制約を満たすことができるだろう。教師なら教師の、親なら親の、ゲームプレイヤーならゲームプレイヤーの役割を引き受け、それぞれの制度の規範にそくしてみずからの行為を自他にとって理解できるものにする。これらの規範からの逸脱がありえないわけではない。ある人が一度は引き受けたはずの規範から逸脱して、結果として誰かから寄せられる制度的信頼を裏切ることはありふれている。理解可能性の観点から主張できるのは、そのような裏切りが合理的に推奨できることではない、ということに過ぎない。

それでも、このことは「裏切らない理由」を説明するためには大きな一歩となる。重要なのは、理解可能性は人によって身につけたり、つけなかったりするものではなく、行為者である限り想定されなければならない合理性であることである。自他にとって理解できる仕方で行為することは、あらゆる行為者に「客観的に」要求される制約にほかならない。したがって行為者の自己利益もまた、それが誰の、どのような内容をそなえたものであれ、理解可能性の制約と両立可能な仕方で追求されるべきものとなる。たとえ「ここぞの裏切り」によって自己利益が見込まれる状況であっても、それが理解可能性を損なうならば行為者には裏切りを差し控える理由がある。

「行為者には」という限定に注意を払っておこう。裏切るな、という規範的要求は理解可能性という合理性をそなえた人間的な行為者にしか届かない。だから、仮に人間のやりとりを「外側から眺める」人間以外の知的存在者を想定するとしたら、この観察者には理解可能性の制約も、この制約に基づく信頼の規範性も依然として不可解に映るかもしれない。「それでも裏切らない理由」は、わたしたち人間が合理的行為者としての自分自身を「内側から眺める」ことによってはじめて与えられる。

したがって、本書で展開された議論は「外側から眺める」知的な観察者を説得しようとするものではない。人間の社会の成り立ちを理解するためには、みずからを合理的行為者として「内側から眺める」必要があることを示したのである。「外側」の観点に立つことから始まった本書の探究は、最終的に「内側」の観点に食い込むことによって一つの応答に至ったとも言えるだろう。

道徳の起源

ここから議論をもう一歩、進めることもできる。信頼関係から「裏切らない理由」だけでなく、「道徳的である理由」がもたらされるかどうか。その可能性の検討である（第四章参照）。

いま一度、規範にしたがって行為することと、「道徳的な」規範にしたがって行為することの違いを確認しよう。信頼関係が醸成される過程を考えてほしい。信頼を抱き、それに応えることで信頼は積み重ねられる。制度的環境では信頼関係が深まるほどにお互いがどのような規範を引き受け、いかに行為するかという期待のやりとりが安定し、わざわざ相手の心のなかをのぞきこもうとする必要もなくなっていく。こうして信頼関係は理解可能性の土壌となる。信頼関係にとどまれば「他人とうまくわかりあう」ことができる。ただ、個人がいかなる制度に囲まれ、どのような規範を引き受けるかは偶然にも左右される。誰もが道徳的に望ましい役割ばかりを演じられるわけではない。貧困に苦しむ地域に生まれて、生き抜くためのロールモデルが犯罪組織に加わるしかない、そんな状況を想像してみよう。当然、こうした組織の規範が道徳的であるとは限らない。すなわち、その規範が不偏性や普遍性といった狭義の道徳性の形式的制約を満たしているとは限らない。それどころか、不良グループ、詐欺集団、麻薬カルテルといった組織の構成員はみずから「反道徳的な」規範を引き受け、それらにしたがって行為することで組織内の信頼関係を固めようとするのではないだろうか。

これは道徳的観点からは悲しむべき現実だが、理論的観点からは受け入れてよい帰結である。従来、少なからぬ信頼研究が直面してきたのは「信頼の道徳化」の問題だった。問題は道徳的であることで信頼関係が結ばれるという素朴な考え方に由来する。この考え方は道徳的規範と信頼関係には結びつきがあるに違いないという直観や、結びつきがあってほしいという理論家の願望に促されてはいるが、この社会には明らかに、道徳的ではない規範にそくして結ばれる信頼関係があるという事実を無視している。対して、本書はむしろこの事実に立脚することで「信頼の道徳化」に抗ってきた。

ただし、だからといって信頼関係と道徳性の関係が断ち切られるわけではない。たしかに信頼関係を結ぶためにことさら道徳的でなくてもいい（道徳的規範にしたがって行為することは信頼関係の成立にとって必要でも十分でもない）。しかし、信頼関係を安定して持続させようとするならば、いくつかの仕方で道徳的であろうとする誘因が与えられるだろう。第一に、対等な関係が促進される。信頼関係においては期待とそれに対する応答のやりとりが双方向的になされなければならない。期待が一方的に押しつけられたり、応答が無視されたりすることのない、最低限の対等さが求められる。第二に、暴力や虚偽が抑制される。これらの行為は「最低限の対等さ」を損ない、いかなる信頼も破綻させる危険を伴っている。信頼関係を結ぶ相手を暴力や虚偽の対象として扱うべきではない。第三に、制度の改変も推奨される。一般に、特定の規範に関して例外的な規定や、特殊な区別を設けるほどにその内容を理解することは困難になる。理解可能性の観点からは、誰かだけを特別に処遇したり、例外的に排除したりする理不尽な規範を改変しようとする合理的圧力が加わるだろう。

これらの誘因の内容は不偏的である。一言でいえば「自分を特別扱いするな」という道徳性の形式的制約を共有している。そしてその範囲は普遍的である。誘因はいかなる制度のもとで結ばれる信頼関係にも生じる余地がある。こうして、信頼関係から道徳性への通路が開かれる。

もちろん、この通路は平坦なものではない。現実に結ばれる関係にはさまざまな不均衡や非対称が認められる。たとえ「最低限の対等さ」があったとしても、期待と応答のやりとりは家庭環境や労働環境における権力の格差、情報や教養に対するアクセスの寡多、共同体に根ざした偏見や差別といったものの影響にさらされる。不均衡な関係にあっては、本来は信頼に値しないはずの相手に対して信頼が誘われることもあるだろう（「不適切な信頼」の問題）。信頼を誘いかけながら、その実、虚偽を働いたり暴力を加えようとしたりすることさえあるかもしれない。この問題に対して本書は「不信」の力に訴えた（第五章参照）。不信を抱き、それを表明することには関係の不均衡を是正する力がある。沈黙を強いられるとき、懐柔されようとするとき、そして「不適切な信頼」が引き出されようとするとき、わたしたちは不信をもって応えることができる。不信はミクロな相互行為における言葉づかい、表情の変化、拒否する身振りに現れるだけでなく、政治活動、文化運動、行政改革といったマクロな事象にそくしても展開される。いずれも世界を劇的に変革するわけではないが、信頼関係の成立に貢献することができる。信頼関係が深められる理想的な状況を、暴力や虚偽の排された対等な平面として思い浮かべてみよう。比喩的に言えば、不信にはそのための「地ならし」をする力がある。

以上の議論から、道徳性と信頼関係をめぐる発想は転換される。道徳性から信頼関係がもたらされるという「信頼の道徳化」は退けられる。代わって新たに提示されたのは、信頼関係から道徳性がもたらされるという見通しである。「もたらされる」といっても、道徳性が特定の原理から演繹的に帰結するとか、単一の起源から流出するといった主張ではない。信頼が積み重ねられる過程にしたがって、道徳性が少しずつ、他人とともに、時間をかけて「はぐくまれる」に過ぎない。

信頼の規範理論

こうして、信頼の規範的拘束力とそれに基づく相互協力的な秩序形成の理論、いわば「信頼の規範理論」が提示された。そのために多くの学問領域の知見を援用し、ときにはそれらを批判的にも検討してきたが、議論の焦点となったのは思想史、とりわけ社会契約論の伝統に属する哲学者たちの洞察である。「信頼とは何か」、「どうして信頼が社会秩序を支えることができるのか」といった問いかけは、神学的な前提に頼らず、形而上学的な思弁を控えて「社会の根っこ」を探ろうとした近世の哲学者たちの試みと軌道を同じくする。それを「信頼の哲学」の系譜と呼ぶこともできるだろう[01]。

社会秩序を「外側から眺める」観点から探究の導きを与えてくれたのはホッブズだが、「他人とうまくやる」合理性の描像を示唆したのはヒュームとカントである。「どうして信頼が社会秩序を支えることができるのか」という問いの構えを社会契約論と共有しつつ、問いの解決がホッブズ以来の道具的合理性の想定からの脱却によってはかられた、と表現してもいい。結果として「信頼とは何か」という問いに対する本書の応答は、ホッブズ、ヒューム、カントという三人の哲学者による合理性の想定に重なるごとく「認知的信頼」、「感情的信頼」、「制度的信頼」という信頼の多元的構想をもって示された。これらの信頼が多層的に積み重ねられ、信頼関係が深まることによって社会秩序の形成過程が説明されることになる。

このような主張の輪郭をさらに明確化するため、「信頼の規範理論」を合理性と規範性をめぐる思想史の地図に位置づけてみよう。それは(1)合理性、(2)社会性、(3)多元性、(4)歴史性をそなえた主張として次のように特徴づけられる。

合理性：本書の「信頼の規範理論」は合理性から規範性を導出することを試みてきた。まずもって行為者に何らかの合理性を想定した上で、この合理性が実現する可能性の条件として、ある仕方でふるまわなければならないことを主張する（さもなければ、合理性の前提そのものを手放さなければならないだろう）。こうした論証、いわゆる「後退論証」の手続きは、わたしたちの経験にとって自明な前提からその必要条件にさかのぼる超越論的哲学の伝統に由来する。

社会性：行為者の合理性は孤立した個人ではなく、個人間の社会的次元に認められる。このような構想は「信頼の規範理論」に固有のものではない。同様の立場として、たとえば「間主体性理論」や「討議理論」を挙げることができる。ハーバーマスが「コミュニケーション的合理性」を目的と手段の連関をめぐる主体個人の考慮ではなく、主体相互の行為調整の局面に見出そうとしたとき、想定されていたのは合理性をめぐる個人主義からの脱却だったと思われる。

多元性：社会的次元において合理性は一枚岩ではない。合理性は感情的交流における（ヒューム的な）「合致」として、あるいは制度的環境における（カント的な）「行為者性」の制約として発揮される。したがって、規範性の源泉として定言命法や功利原理のような単一の原理を想定することはできない（規範性の「究極的な根拠づけ」（アーペル）のプロジェクトは放棄せざるをえない）。規範性はそれを支える合理性の構想にしたがって多元的に探究される。

歴史性：信頼関係はそれを支える社会制度とともに時間をかけて深められる。その過程では道徳的規範さえ「はぐくまれる」余地がある。この点で「信頼の規範理論」は歴史的な時間軸をそなえている。「歴史」といってもヘーゲル的な形而上学を前提する必要はない。本書では十分に検討できなかったが、制度の継承や進化に関する社会学、考古学、人類学といった学問諸領域の知見を援用することで、信頼関係と社会規範をめぐる探究を続けることもできるだろう。

このように、本書は合理性の構想に関して多元的な立場を取ることによって、思想史の伝統においてしばしば対比されてきた立場（たとえばカント主義とヒューム主義、制度論とケアの倫理、道徳哲学における理性主義と感情主義）の調停を試みた。他方、道徳的規範の導出に関しては社会的かつ歴史的な観点に立ち、従来の理性主義的な道徳哲学のアプリオリズムからは慎重な距離をとった。これは人間的な合理性のより現実的な、そして豊かな描像に近づこうとするためである。かつてカントは道徳の最高原理を確立するにあたって、理想化された理性的存在者が自由意志を介して結合する「目的の国」の理念に訴えた。対して本書は、自己利益を求め、感情に動かされ、社会的役割を演じる人間の結ぶ「信頼関係」の事実から、信頼の規範理論を提示したのである。

再び、外側へ出る

ただ、これまで主張してきたことをすべて受け入れるとして、それでもなお、わたしたちには「あえて裏切る」余地が残されていることを、この最後の局面でもう一度、確認しておこう。

裏切らないことは必ずしも愚かなことではない。信頼に応え、信頼関係を結ぶことは行為者としての合理性にかなっている。本書が明らかにしようとしたのは、要約すればこれだけのことだった。しかし裏を返せば、合理的であろうとしなければ「それでも裏切らない理由」は消失するだろう。もちろん、合理性はたやすく手放せるものでもない。繰り返し述べてきたように、理解可能性としての合理性は行為者性の条件だからである。それでも、合理的な行為者であることをやめようとする決断を想定することはできる。サルトルによって揶揄された、カフェのギャルソンを思い出そう。あのギャルソンはいつ、どんなときもエレガントに給仕していたのかもしれないが、一転して、およそギャルソンらしくない身のこなしや、表情、語り口に逸脱することもできただろう。それらは周囲の虚をつき、ギャルソン自身にさえ、自分が何をしようとしているのか理解できないかもしれないが、それが「あえて裏切る」ということである。

突発的な衝動ではなく、徹底してあらゆる期待から逸脱しようとすることも不可能ではない。サルトルによって聖別された、ジャン・ジュネを例にとってもいい。ジュネは孤児としての、文学者としての、活動家としての自分に寄せられる期待のことごとくから外れようとするふるまいを実生活でも、文体でも、政治活動でも追求していたように思われる（たとえばジュネはその後半生、明らかに「パレスチナ革命」に入れ込み、パレスチナ難民とともに生活していたにもかかわらず、「革命の成就」に関しては次のように言ってのける。「パレスチナ革命が領土を獲得し、制度化された」ならば、すなわちパレスチナがほかの国家と同じような一つの国家になったならば、わたしはもうその側にはいないだろう[02]）。

しかし、「あえて裏切る」のはどうしてだろうか。

自由のため、と言いたくなる。あらゆる制度化の力に対する拒絶、自分を期待と応答のやりとりに拘束して、特定の役割に閉じこめようとする社会規範の力に対する抵抗である。ところが、それは自由のため、といった自己理解に至った途端に、再び合理性の領域に引き戻されてしまう。なぜ、どうして、と問うことはすでに合理性の枠内にある。だから、合理性の「外側へ出る」ということは、一貫した自己理解さえ拒むような矛盾のなかに自分を追いやることになるだろう。

そのような生き方は稀有なものである。わたしたちの多くはみずから合理性を手放すことはできない。いっときの衝動に駆られたところで、相変わらず社会秩序を「内側から眺める」ほかはなく、その秩序は気づけば維持されてしまっている。

しかし他方では、どれほど秩序が深められたとしても、このわたしやあなたが裏切りに踏み出そうとする余地は依然として残される。そしてこの可能性は、信頼の態度にとって不可欠な「脆さ」を構成する（「序論」参照）。本書の歩みに示されるように、信頼を考えることは裏切りを考えることから切り離すことができない。裏切りの可能性が失われるとき、信頼もまた成立することはない。裏切りは信頼の規範性の限界だが、信頼の成立の根拠でもある。この意味では、あえて逸脱し、裏切ることの可能性は「信頼の哲学」の終わりであるとともに、始まりであるとも言えるだろう。

注

序論

01 Améry 1966（邦訳：65）.

02 Améry 1966（邦訳：85）.

03 信頼に関する学問諸領域の知見を総括することは容易ではないが、その学際的な研究状況を一望するために現状、もっとも有益な文献の一つとして（小山 2018）を挙げたい。そこでは信頼の代表的な定義を収集した「信頼のチャート表」の作成も試みられている（著者もその試みに参加したプロジェクトメンバーの一員である）（小山 2018: 159）。

04 山岸 1998: 15.

05 ジンメルによれば、「完全に知っているものは信頼する必要はないだろうし、完全に知らないものは合理的にはまったく信頼することができない」（Simmel 1908: 263（邦訳：359））。

06 Hawley 2014: 1.

07 機械・ロボットに対する信頼の内実や先行研究の論争状況については、笠木雅史が包括的な検討をおこなっている（笠木 2018）。

08 ドイッチの社会心理学研究、そしてその影響下にあるルーマンの信頼論に関しては、酒井泰斗と高史明による研究を参照（酒井・高 2018）。

09 Gambetta 1988, Coleman 1990, Hardin 2002.
10 Baier 1986, Jones 1996, Lahno 2001.
11 Jones 1996: 5.
12 O'Neill 2002, Mullin 2005, Hawley 2014.
13 Hardin1991: 193.
14 Holton 1994: 65.
15 O'Neill 2002: 13–14.

第1章

01 Parkman 1878: 836–867.
02 「認知的信頼」の代表的論者としては、本章でも検討されるラッセル・ハーディンのほか、ディエゴ・ガンベッタ（Gambetta 1988）やジェームズ・コールマン（Coleman 1990）が挙げられる。
03 Hardin 2002: 3.
04 Hardin 2002: 10.
05 Hardin 2002: 10, Gambetta 1988: 217, Dasgupta 1988: 51.
06 一例として、信念と信頼を概念的に区別するリチャード・ホールトンの研究が挙げられる（Holton 1994）。
07 固定された相手とゲームを繰り返す松田昌史と山岸俊男の実験では、それぞれのプレイヤーが相手に対して無条件の協力行動を取りつつ、相手が同様に協力的にふるまう場合にのみ信頼行動をとる戦略を採用することで、相互協力的な信頼関係の形成が促進されることが示されている（松田・山岸 2001）。
08 この点に関しては、繰り返されるゲームの最後にそれが「最後の取引」であることをプレイヤーに強調した寺井滋らの実験も参照。「実験課題の最後に行った最終取引では、金を返す誘因が存在せず、それゆえ金を預託する誘因も存在しない。「本当の」信頼関係が生まれていたとしたら、この最終取引においても、参加者は互いに金を預託し合い返し合うだろうと考えられる。しかし実際には、金を返したのは（金を預託された）参加者の半数であった」（寺井・森田・山岸 2003: 176）。

09 認知的信頼の核心的問題を抽出するにあたっては、ポール・フォークナーの論点整理に依拠した（Faulkner 2017: 111）。

10 ゲーム理論の観点からは、サンクションは追加的なコストのメカニズムによってゲームそのものを変化させる仕組みとして理解することもできるだろう。一回限りの囚人のジレンマにおいて均衡は一つしか存在しないが、この追加的メカニズムによって複数の均衡をそなえたゲームに変化させることもできる。問題はこれが「囚人のジレンマを「解決」する」と言えるかどうかである。

11 Goodman 1993（邦訳：50）.

12 誘拐犯と被害者の仮想はロバート・フランクの挙げる事例に基づく（Frank 1988: 4）。

13 山岸俊男は、サンクションや監視といった仕組みによって社会的不確実性が存在しない状態で抱かれる態度を「安心（assurance）」と呼び、「信頼（trust）」から区別する（山岸 1998: 37–40）。「外的解決」によって得られるものは、この意味での「安心」に過ぎないと考えることもできるだろう。

14 Faulkner 2017: 112.

15 Hobbes 1642: 1. 7. 27.『市民論』からの引用は章番号、節番号、頁数の順に示す。

16 Hobbes 1651: 1. 6. 38–46.『リヴァイアサン』からの引用は部、章番号、頁数の順に示す。

17 Hobbes 1651: 2. 17. 119.

18 Hobbes 1651: 1. 4. 25.

19　Hobbes 1651: 1. 3. 21.

20　Hobbes 1651: 1. 13. 87.

21　自然状態における協力の可能性については稲岡大志の指摘を参照した（稲岡 2018: 15–16）。加えて稲岡の研究では、ホッブズの社会契約論を「囚人のジレンマ」ではなく「安心ゲーム」として理解する解釈が提示されている（稲岡 2018: 17）。

22　ホッブズ問題を招来する行為者間の推論の堂々めぐりは「二重の偶発性」の問題として論じられてきた。この問題については第二章第二節において詳しく検討する。

23　Parsons 1937: 86（邦訳：148）.

24　Hobbes 1651: 1. 14. 94.

25　これら二つの方策の批判的検討にあたっては、信頼の問題に対する「内的解決」をめぐるポール・フォークナーの研究を参照した（Faulkner 2017: 112–115）。

26　Pettit 2002: 353.

27　Smith 1759: 116.

28　Pettit 2002: 357.

29　したがって、ゴティエによれば、「制限された仕方で効用を最大化する者は、自分の最大効用の直接的な追求を実際に制限する前に、同じような態度を身につけた人々のなかに自分がいることを思慮深くも確かめることになる」（Gauthier 1986: 169（邦訳：202））。

30　Gauthier 1986: 174（邦訳：208）.

31　Gauthier 1986: 181（邦訳：216）.

32　Oakeshott 1975: 88（邦訳：110）.

33 Oakeshott 1975: 97–98（邦訳：120）.

34 Baier 1959: 314.

第二章

01 March 15, 2006, CBS.

02 『アンナ・カレーニナ』の引用は、トルストイ『アンナ・カレーニナ』（木村浩訳、新潮社、一九九八年）に基づく。

03 Chaaminda & Wanninayake 2019.

04 T2.1.1.4. ヒューム『人間本性論』の引用にあたってはNorton版（2000）よりおこなう。略号としてTを用い、巻数・部・節・段落の各番号を示す。

05 ヒュームによれば、人格は「想像を絶する速さで互いに継起し、たえまない変化と動きのただなかにある、互いに異なる諸知覚のかたまりあるいは集まり」に過ぎない。自分自身の人格さえ、その実体を把握しようと心中をのぞきこめばさまざまな知覚が飛び交うばかりで、「ほんのおぼろげな観念すら持っていない」（T1.4.6.4）。

06 T2.1.8.1.

07 T2.1.11.1.

08 Baier 1991: 286.

09 Baier 1991: 286–287.

10 バイアーはこのことを「社会化された共感的な理性（socialized and sympathetic reason）」という仕方で表現する（Baier 1991: 278）。

11 T3.2.2.10.

12　感情的信頼に焦点を絞る本章では検討することはできないが、「二重の偶発性」はルーマンの信頼論を考察する上でも重要な論点となる。この点については、パーソンズとルーマンの影響関係を明らかにしつつ、「ルーマンは二重の偶発性を解消されるべきアポリアとしてではなく、それ自体が社会秩序の原理となっていると考えた」ことを指摘する西山真司の研究を参照（西山 2019: 465）。

13　T3.2.2.10.

14　Ibid.

15　複数のマークから一つを選択するフォーカル・ポイントの事例は、「知覚的な顕著さ」をめぐるフランチェスコ・グァラの議論に基づく（Guala 2016: 14–16（邦訳：37–38））。

16　Schelling 1960: 58.

17　ロバート・サグデンは、こうしたシェリングの主張は『人間本性論』の解釈に適合しており、ヒュームもまた顕著性と同様のアイデアを抱いていたと考える（Sugden 2004: 96（邦訳：113））.

18　Sugden 2004: 195（邦訳：225）.

19　Todorov 2008.

20　DeSteno, et al. 2012.

21　ただし、バイアー自身は楽観という表現を用いていない。信頼する側の態度を「楽観的」と形容するのはバイアーの信頼研究を継承するカレン・ジョーンズである（Jones 1996: 4）。

22　Bair 1986: 235.

23　正確には、ホールトン自身は信頼を「参与的態度（participant attitude）」ではなく、「参与的姿勢（participant stance）」として説明しようとする。

24　Holton 1994: 67.

25 Darwall 2017: 45.

26 信頼をめぐる認知的アプローチを採用するならば、「シカ狩り」の事例は複数均衡を有する「調整ゲーム」の一種として理解されるだろう（そして信頼が行き詰まる状況として「囚人のジレンマ」が指摘されることになる）。ここで、そのようなゲーム理論の枠組みを全面的に採用しないのは、本章において考察されたコンヴェンションの形成過程がゲーム理論の基本的な前提と必ずしも整合しないからである。たとえば「自己利益」の概念だけをとっても、本章のヒューム的な立場はこれを独立した行為者個人の利得として捉えるのではなく、感情の伝染や共感、想像力の働きによって「その家族や友人等、その個人にとっての身近な人々の利益」の影響下にあるものとして解釈する（T.3.2.2.12）。ヒューム哲学とゲーム理論の異同に対する考察に関しては、日本倫理学会二〇一九年度大会の主題別討議「信頼」における水谷雅彦氏と鈴木真氏の発言に負うところが大きい。

第三章

01 「並行的」と「垂直的」という形容はボー・ロススティンの信頼研究に由来する（Rothstein 2001: 209, 232）。

02 Fukuyama 1995: 26.

03 曽我 2013: 20.

04 Baier. 1986: 235.

05 O'Neill 2002: 14.

06 社会契約論の伝統において、この区別は契約以前の秩序創出と、契約以後の秩序維持の区別として理解することもできるだろう。

07 Mullin 2005: 323–324.

08 Mullin 2005: 325.

09 McLeod 2000: 465–466.

10 ただしオニールは、道徳的原理が信頼性の向上に貢献することを主張する一方、道徳的原理にしたがって行為することは信頼を獲得するために必要でも十分でもないことを（適切にも）指摘する（O’Neill 2002: 165）。この意味で、オニールの信頼の理論は本書の第四章で指摘される「信頼の道徳化」の問題を免れている。

11 O’Neill 2002: 91.

12 デイヴィッド・ヴェルマンによれば、ある行為が「理解できる」と言えるのはその行為と行為者の志向的システムがフィットする場合、すなわち行為をもたらす諸信念、諸欲求の項を行為からうまく「たどる（trace）」ことができる場合に限られる（Velleman 2009 : 13）。

13 行為と演技の類比は、（Velleman 2009）の第一章から第三章にかけての議論に依拠している。

14 複数の行為者が相互理解の収束に向けて動機づけられることを、ヴェルマンは理解の「二重帳簿」を解消するという表現によって指摘する（Velleman 2000: 65）。

15 Brink 1997: 281.

16 Foot 1972: 309.

17 Durand-Boubal 1993（邦訳: 48）.

18 Sartre 1943: 94（邦訳: 199）.

19 行為者性をめぐるサルトルの立場はアラスデア・マッキンタイアによる解釈を参照した。また、サルトルとギャルソンの（仮想された）対話もまた、「自己」に関してサルトルとゴフマンの洞察を対照的に描き出すマッキンタイアの記述に多くを負っている（MacIntyre 1984: 32）。

20 盛山 1995: 55–56 を参照した（「制度的統合」の内容に関する文章表現は一部変えてある）。

21 盛山 1995: 56.

22　本書では詳細に検討を加えることはできないものの、相互行為の局面において「行為者が思いがけない出来事に直面する状況」からひるがえって信頼の機能を探ろうとするアプローチは、ハロルド・ガーフィンケルの「違背実験」によって先鞭がつけられていたと解釈することもできるだろう（Garfinkel 1963）。ガーフィンケルの信頼の理論については（秋谷 2018）を参照。

第四章

01　横塚 1978: 3.
02　横塚 2007: 175.
03　この考え方は障害者福祉において「介助者手足論」として知られる。「手足論」の歴史的な形成過程については（石島 2018）を参照。
04　介助する側の負担についてはケアの倫理の領域においても繰り返し問われてきた。この問題をたとえばエヴァ・キティは、「依存労働」の公正な分配の可能性として提起している（Kittay 1999）。
05　介助される側、障害をこうむった側にとって「依存先を増やすこと」の意義については、熊谷晋一郎の一連の提言に教えられた。熊谷は自立を「「私は何にも依存していない」と感じられる状態」とみなした上で、「自立を目指すなら、むしろ依存先を増やさないといけない」と主張する（熊谷 2014）。
06　T2.2.5.21.
07　Baier 1991: 136.
08　人間の協力行動に寄与するシグナリングの機能については、経済学者のロバート・フランク（Frank 1988）や哲学者のリチャード・ジョイス（Joyce 2006）の研究に詳しい。
09　ただし、感情的シグナリングによって血縁関係や互恵的関係を超えた相互協力的な秩序が実現するという仮説は、そのようなシグナリングを偽装することのできる突然変異のフリーライダーによって、どうして秩序が崩されないのかという疑念に答えなければならないだろう。

10 Deacon 1998: 244.

11 「グドールのチンパンジー」の検討、そしてこの事例を参照して動機づけ懐疑論に対する自然主義的アプローチの限界を明らかにしようとする議論の組み立ては、ジョセフ・ヒースの研究に依拠している（Heath 2008: 173–174（邦訳: 296））。

12 当然のことながら、見込み違いもありうる。わたしは子どものころ、六人で協力すればたやすく持ち上げられるはずの御輿を落としたことがある。担ぎ手の六人がみな、他人の善意を逆手にとって自分だけが楽をしようとしたのだった。

13 「自分は行為者ではない（だから、行為者性の条件にも拘束されない）」という反論には、次のような再反論が想定される。「この発話が「反論」として理解可能ならば、すでに合理的な行為者性が行使されている。反対に、それが意味のわからない言葉の連なりに過ぎないなら、もとより「反論」にはなり得ない。したがって、この発話は自己論駁的である」。この再反論にはさらなる反論の余地もありそうだが、本書ではこれ以上の検討を加えることができない。

14 ただし、お互いの理解可能性に対する一般的な期待が醸成されている場合には、既存の規範の体系において理解しがたい行為も、新たに導入される規範のもとで柔軟に捉えなおされる余地がある。この点についてはパーソンズの「制度的統合」をめぐる第三章第三節の検討を参照。

15 ここでは規範一般から「道徳的」規範をあえて際立たせるために後者の普遍的な妥当範囲に注目しているが、このように「カント的な」道徳性の理解は「道徳」や「倫理」といった概念で伝統的に指し示されてきたことの一部に過ぎない。もし道徳性を行為者にとって「大切でかけがえのないこと」や共同体において「理想的なものであり、目指すべきこと」として理解するならば、特定の社会集団にその妥当範囲が限定された制度的規範も十分に「道徳的」と形容されうるだろう。

16 Baier 1959: 314.

17 もちろん、いかなる虚偽行為も理解可能性を損なうわけではない。たとえば「オオカミ少年」としての役割を引き受け、それが周知されている行為者の虚偽行為はむしろ、その行為を遂行することによって理解可能性を向上させるだろう。ただし、このように虚偽であることがあらかじめ周知されるようなふるまいを「虚偽」と呼ぶべきかどうかについては議論の余地がある。

18 理解可能性を阻害する条件については、デイヴィッド・ヴェルマンの指摘を参照した。ヴェルマンによれば「理解するということの基本的な形式は一般化であり、一般的原理のもとに異種の特殊性を「把握する」ことにある」。そして「一般的原理が増加したり、例外や資格、特別な条件などが付け加えられたりすると、理解するための原理の有用性が損なわれる」(Velleman 2000: 81)。

19 Mackie 1977: 15.

20 Williams 1995: 174–175.

21 この点では、特定の合理性の構想から「道徳性の根本的な要求」が「直接に」引き出されることを否定するウィリアムズの主張に同意する(Williams 1995: 174–175)。

第五章

01 ソルジェニーツィンに関する記述は木村浩訳『収容所群島』(新潮社、一九七四年)、とりわけ第四部第三章「打ちのめされた姿婆」を参照した。

02 不信の規範性に関する指摘は、キャサリン・ホーリーの不信研究を参照した(Hawley 2014: 3)。

03 Hardin 2004: 10–11.
04 Ullmann-Margalit 2004: 67.
05 Jones 1999: 68.
06 Jones 2013: 195.
07 「受刑者と刑務官」の仮想を提示するにあたっては、キャサリン・ホーリーの挙げる事例を改変した（Hawley 2014: 6）。
08 もう一つの解釈は、刑務官Cは受刑者Aの「友人」の役割として理解可能なふるまいをしており、Cに対するAの態度は不信よりもむしろ、信頼がふさわしいという考え方である。
09 Govier 1992a: 55.
10 Jones 2013: 195.
11 このことを最初期に指摘した伝記として、ジェフリー・マイヤーズの『ヘミングウェイ伝』が挙げられる（Meyers 1985）。
12 Govier 1992a: 53.
13 O'Neill 2002: 141–142.
14 「三つの方法」の検討に関しては、従来の不信研究の提言をめぐるジェイソン・ディクルスの論点整理に多くを依拠している（D'Cruz 2020: 46–50）。
15 第一章第一節におけるラッセル・ハーディンの「カプセル化された自己利益」モデルを参照。
16 Rini 2021: 62–65.
17 Gandhi 1951: 203.
18 O'Neill 2002: 144.

19 Alfano & Huijts 2020: 267–268.

20 キング牧師の穏健派に対する不信に関しては、ミーナ・クリシュナムルシーの不信研究に教えられた(Krishnamurthy 2015)。

21 King 2001: 97.

22 もちろん、非対称的な関係の劣位に置かれた人にとっては「あえて」葛藤を引き起こす心理的な障壁は低くない。この点に関して介助関係の非対称性に注目する堤愛子は、介助者によるパターナリスティックな抑圧の可能性を認めた上で、介助される側がそれに抗って「はっきり物を言う」ためのピア・カウンセリングの重要性を訴えている(堤 1998: 99)。不信の表明を支えるための制度的な保証については（永守 2018b）も参照。

結論

01 「信頼の哲学」の系譜は「近世ヨーロッパの哲学者」に限られることはない。たとえば本書の第四章と第五章の論述に示されているように、信頼と不信の関係をめぐる著者の考察は「青い芝の会」の横塚晃一の思想に支えられている。

02 Genet 1991（邦訳：444–445).

謝辞

本書は数多くの人によって支えられているが、とりわけ次の人々との対話がなければ成り立たなかった。和泉悠さん、稲岡大志さん、笠木雅史さん、河原雪花さん、北林綾子さん、北村花さん、呉羽真さん、桑原卓志さん、小山虎さん、酒井楓さん、杉本俊介さん、武久愛さん、立場貴文さん、中田彩羽さん、成瀬尚志さん、福西里美さん、松岡美里さん、水谷雅彦さん、宮本萌さん。そして鵜殿慧さん、笠木雅史さん、鈴木英仁さん、吉田大隼さんには初稿の一部、または全体にさまざまな角度から貴重なコメントをいただいた。本書の誤りはすべて著者に起因するが、少しでも読みやすく、有益な議論が含まれているとすれば、これらの方々から寄せられた助言と批判のおかげである。

慶應義塾大学出版会の片原良子さんには、本書の構成、文体、レイアウトに至るまで多くの提案と励ましをいただいた。「信頼」だけでなく「不信」と「裏切り」の視角をこの本に加えることができたのは片原さんの示唆による。

信頼を研究するにあたって、いつも助けられたのは安心信頼技術研究会の活動である。二〇一五年にはじめて発表の機会を与えられてから、研究会のメンバーはもちろん、ほかの多くの専門家との討議によって信頼研究の学際的な広がりと、哲学的な奥行きに触れることができた。研究会が中心となって刊行した『信頼を考える――リヴァイアサンから人工知能まで』（小山虎（編）、勁草書房、二〇一八年）は本書の礎となっている。この研究会に関して、サントリー文化財団の支援（研究課題名「信頼研究の学際化を目指したプラットフォームの構築――応用哲学的アプローチによる異分野間の方法論の総合」、ならびに「不信学の創成――「健全な不信」の実現を目指して」）に感謝の意を記したい。また、本書の執筆に際してはＪＳＰＳ科研費19K12924、22K12963、22K00020の助成を受けた。

最後に、わたしの試行錯誤に付き合ってくれた京都市立芸術大学、京都大学、立命館大学の受講者の方々にお礼を申し上げる。なかでも、京都市立芸術大学美術学部のみなさんは感染症対策のために遠隔授業を強いられるなか、わたしが毎週、信頼について書き綴った拙いテキストにそのつど手紙を送り返すようにして疑問、感想、批判を記してくれた。授業が終わり、卒業してなお、いくつかの読書会というかたちでそのやりとりが継続されていることは、この本を書き終えるための大きな支えとなった。

そのほか、ここに書きとどめることのできなかった多くの人々に、あらためて深く感謝する。ありがとうございました。

二〇二三年十二月三十一日

永守伸年

事項索引

サ行

タ行

ナ行

ハ行

マ行

ヤ行

ラ行

ワ行

人名索引

参考文献

Alfano, M. and Huijts, N. (2020) "Trust in Institutions and Governance," in Simon, J. (eds.), *The Routledge Handbook of Trust and Philosophy*, Routledge: 256–270.

Améry, J. (1966) *Jenseits von Schuld und Sühne: Bewältigungsversuche eines Überwältigten*, Szczesny Verlag（ジャン・アメリー『罪と罰の彼岸【新版】——打ち負かされた者の克服の試み』池内紀訳、みすず書房、2016 年）.

Baier, A. C. (1986) "Trust and Antitrust," *Ethics* 96: 231–260.

——— (1991) *A Progress of Sentiments: Reflections on Hume's Treatise*, Harvard University Press.

——— (1994) *Moral Prejudices: Essays on Ethics*, Harvard University Press.

Baier, K. (1959) *The Moral Point of View*, Cornell University Press.

Baumgold, D. (2013) ""Trust" in Hobbes's Political Thought," *Political Theory* 41: 838–55.

Becker, L. (1996) "Trust as Noncognitive Security about Motives," *Ethics* 107: 43–61.

Berg, J., Dickhaut, J. and McCabe, K. (1995) "Trust, Reciprocity, and Socia History," *Games and Economic Behavavior* 10: 122–142.

Brink, D. (1997) "Kantian Rationalism: Inescapability, Authority, and Supremacy," in Cullity, F. and Gaut, B. (eds.), *Ethics and Practical Reason*, Clarendon.

Broome, J. (2001) "Normative Practical Reasoning," in *Proceedings of Aristotelian Society* 75: 175–193.

Chaaminda, M. D. J. P and Wanninayake, W. M. C. B. (2019) "The Emotional Advertising Appeals and Brand Trust towards Commercial Banks: A Study in Private Sector Commercial Banks in Sri Lanka," *International Journal of Arts and Commerce* 8: 31–46.

Coleman, J. S. (1990) *Foundations of Social Theory*, Belknap Press.

Darwall, S. (2017) "Trust as a Second-Personal Attitude (of the Heart)," in Faulkner, P. & Simpson, T. (eds.), *The Philosophy of Trust*, Oxford University Press: 35–50.

D'Cruz, J. (2020) "Trust and Distrust," in Simon, J. (eds.), *The Routledge Handbook of Trust and Philosophy*, Routledge: 41–51.

Deacon, T. (1998) *The Symbolic Species*, Norton.

DeSteno, D., Breazeal, C., Frank, R. H., Pizarro, D., Baumann, J., Dickens, L., & Lee, J. J. (2012) "Detecting the Trustworthiness of Novel Partners in Economic Exchange," *Psychological Science* 23: 1549–1556.

Durand-Boubal, C. (1993) *Café de Flore: mémoire d'un siècle*, Indigo（クリストフ・デュラン＝ブバル『カフェ・ド・フロールの黄金時代——よみがえるパリの一世紀』大村真理子訳、中央公論社、1998 年）.

Faulkner, P. (2007a) "On Telling and Trusting," *Mind* 116: 875–902.

——— (2007b) "What is Wrong with Lying?," *Philosophy and Phenomenological Research* 75: 535–557.

——— (2017) "The Problem of Trust," in Faulkner, P. and Simpson, T. (eds.), *The Philosophy of Trust*, Oxford University Press: 109–128.

——— (2020) "Trust and Testimony," in Simon, J. (eds.), *The Routledge Handbook of Trust and Philosophy*, Routledge: 329–340.

Faulkner, P. and Simpson, T. (2017) *The Philosophy of Trust*, Oxford University Press.

Foot, P. (1972) "Morality as a System of Hypothetical Imperatives," in *Philosophical Review* 81: 305–316.

Frank, R. H. (1988) *Passions Within Reason: The Strategic Role of Emotions*, W.W. Norton（R・H・フランク『オデッセウスの鎖　適応プログラムとしての感情』山岸俊男監訳、サイエンス社、1995 年）.

Fukuyama, F. (1995) *Trust: The Social Virtue and the Creation of Prosperity*, Penguin（フランシス・フクヤマ『「信」無くば立たず——「歴史の終わり」後、何が繁栄の鍵を握るのか』加藤寛訳、三笠書房、1996 年）

Gambetta, G. (1988) "Can We Trust Trust?," in Gambetta, G. (eds.), *Trust: Making and Breaking Cooperative Relations*, Blackwell: 213–38.

Gandhi, M. (1951) *Gandhi, Selected Writings*, Duncan, R. (eds.), Dover, 2005.

Garfinkel, H. (1963) "A Conception of and Experiments with 'Trust' as a Condition of Stable Concerted Actions," in Harvey, O. (eds.), *Motivation and Social Interaction*, Ronald Press: 187–238.

——— (1964) "Studies in the Routine Grounds of Everyday Activities," *Social Problems* 11: 225–250（ハロルド・ガーフィンケル「日常活動の基盤」、『日常性の解剖学』北澤裕・西阪仰訳、マルジュ社、1995 年、31–92 頁）.

Garrett, D. (1997) *Cognition and Commitment in Hume's Philosophy*, Oxford University Press.

Gauthier, D. (1986) *Morals by Agreement*, Clarendon Press（デイヴィド・ゴティエ『合意による道徳』小林公訳、木鐸社、1999 年）.

——— (2013) "Achieving Pareto-Optimality: Invisible Hands, Social Contracts, and Rational Deliberation," *Rationality, Markets and Morals* 4: 191–204.

Genet, J. (1986) *Un Captif Amoureux*, Gallimard（ジャン・ジュネ『恋する虜——パレスチナへの旅』鵜飼哲・海老坂武訳、人文書院、1944 年）.

——— (1991) *L'ennemi déclaré-Textes et entretiens*, Gallimard（ジャン・ジュネ『公然たる敵』鵜飼哲・梅木達郎・根岸徹郎・岑村傑訳、月曜社、2011 年）.

Goodman, J. (1993) *Tobacco in History: The Cultures of Dependence*, Routledge（ジョーダン・グッドマン『タバコの世界史』和田光弘・久田由佳子・森脇由美子訳、平凡社、1996 年）.

Govier, T. (1992a) "Distrust as a Practical Problem," *Journal of Social Philosophy* 23: 52–63.

——— (1992b) "Trust, Distrust, and Feminist Theory," *Hypatia* 7: 15–33.

Guala, F. (2016) *Understanding Institutions: The Philosophy and Science of Living Together*, Princeton University Press（フランチェスコ・グァラ『制度とは何か——社会科学のための制度論』瀧澤弘和監訳・水野孝之訳、慶應義塾大学出版会、2018 年）.

Habermas, J. (1981) *Theorie des kommunikativen Handelns*, Suhrkamp（ユルゲン・ハーバーマス『コミュニケイション的行為の理論』河上倫逸・平井俊

彦訳、未来社、1985 年）.

Hardin, R. (1991) "Trusting Persons, Trusting Institutions," in Zeckhauser, R. (eds.), *The Strategy of Choice*, MIT Press: 185–209.

——— (2002) *Trust and trustworthiness*, Russell Sage Foundation.

——— (2004) *Distrust*, Russell Sage Foundation.

——— (2007) *David Hume: Moral and Political Thought*, Oxford University Press.

Hawley, K. (2014) "Trust, Distrust and Commitment," *Noûs* 48: 1–20.

——— (2019) *How to Be Trustworthy*, Oxford University Press.

Heath, J. (2008) *Following the Rules. Practical Reasoning and Deontic Constraint*, Oxford University Press（ジョセフ・ヒース『ルールに従う―社会科学の規範理論序説』瀧澤弘和訳、NTT 出版、2013 年）.

Hieronymi, P. (2008) "The Reasons of Trust," *Australasian Journal of Philosophy* 86: 213–236.

Hinchman, E. (2005) "Telling as Inviting to Trust," *Philosophy and Phenomenological Research* 70: 562–587.

Hobbes, T. (1640) *The Elements of Law Natural and Politic*, Gaskin, J. C. A. (eds.), Oxford University Press, 1994.

——— (1642) *De Cive*,（英訳）*On the Citizen*, Tuck, R. and Silverthorne, M. (eds.), Cambridge University Press, 1998（ホッブズ『市民論』本田裕志訳、京都大学学術出版会、2008 年）.

——— (1651) *Leviathan*, Tuck, R. (eds.), Cambridge University Press, 1996（ホッブズ『リヴァイアサン』水田洋訳、岩波書店、1992 年）.

Holton, R. (1994) "Deciding to Trust, Coming to Believe," *Australasian Journal of Philosophy* 72: 63–76.

Hudson, B. (2004) "Trust: Towards Conceptual Clarification," *Australian Journal of Political Science* 39: 75–87.

Hume, D. (1739–40) *A Treatise of Human Nature*, Norton, D. F. & Norton, M. J. (eds.), Oxford University Press, 2000（ディヴィッド・ヒューム『人間本性論 第 1 巻 –3 巻』木曾好能・石川徹・中釜浩一・伊勢俊彦訳、法政大学出版局、2011 年 –2012 年）.

Jones, K. (1996) "Trust as an Affective Attitude," *Ethics* 107: 4–25.

——— (1999) "Second-Hand Moral Knowledge," *Journal of Philosophy* 96: 55–78.

——— (2012) "Trustworthiness," *Ethics* 123: 61–85.

——— (2013) "Distrusting the Trustworthy," in Archard, D., Deveaux, M., Manson, N. and Weinstock, D. (eds.), *Reading Onora O'Neill*, Routledge.

——— (2017) "But I Was Counting On You!," in Faulkner, P. and Simpson, T. (eds.), *The Philosophy of Trust*, Oxford University Press: 91–109.

——— (2019) "Trust, Distrust, and Affective Looping," *Philosophical Studies* 176: 955–968.

Joyce, R. (2006) *The Evolution of Morality*, MIT Press.

Kant, I. (1910-) *Kant's gesammelte Schriften*, Königlich-Preußische Akademie der Wissenschaften (Hg.), G. Reimer.

Kappel, K. (2014) "Believing on Trust," *Synthese* 191: 2009–2028.

Kersting, W. (1984) *Wohlgeordnete Freiheit. Immanuel Kants Rechts- und Staatsphilosophie*, de Gruyter（ヴォルフガング・ケアスティング『自由の秩序 カントの法および国家の哲学』舟場保之・桐原隆弘・寺田俊郎・御子柴善之・小野原雅夫・石田京子訳、ミルヴァ書房、2013 年）.

King, M. L. Jr. (2001) *Why We Can't Wait*, Signet.

Kittay, E. F. (1999) *Love's Labor: Essay on Woman, Equality, and Dependency*, Routledge（エヴァ・フェダー・キテイ『愛の労働あるいは依存とケアの正義論』岡野八代・牟田和恵訳、白澤社、2010 年）.

Kreps, D. (1990) *Game Theory and Economic Modelling*, Oxford University Press.

Krishnamurthy, M. (2015) "(White) Tyranny and the Democratic Value of Distrust," *The Monist* 98: 391–406.

Lahno, B. (2001) "On the Emotional Character of Trust," *Ethical Theory and Moral Practice* 4: 171–89.

——— (2004) "Three Aspects of Interpersonal Trust," *Analyse and Kritik* 26: 30–47.

Lewis, D. (1969) *Convention: A Philosophical Study*, Harvard University Press.

Luhmann, N. (1988) "Familiarity, Confidence, Trust: Problems and Alternatives," in

Gambetta, D. (eds.), *Trust: Making and Breaking Cooperative Relations*, Basil Blackwell: 91–107.

Mackie, J. (1977) *Ethics: Inventing Right and Wrong*, Penguin.

MacIntyre, Alasdair. C. (1984) *After Virtue*, 3rd ed., Notre Dame University Press（アラスデア・マッキンタイア『美徳なき時代』篠崎栄訳、みすず書房、1993 年）.

McGeer, V. (2008) "Trust, Hope and Empowerment," *Australasian Journal of Philosophy* 86: 237–254.

McLeod, C. (2000) "Our Attitude towards the Motivation of Those We Trust," *Southern Journal of Philosophy* 38: 465–80.

Meyers, J. (1985) *Hemingway: A Biography*, Macmillan.

Mullin, A. (2005) "Trust, Social Norms, and Motherhood," *Journal of Social Philosoph*y 36: 316–330.

North, D. C. (2005) *Understanding the Process of Economic Change*, Princeton University Press（ダグラス・C・ノース『ダグラス・ノース 制度原論』瀧澤弘和・中林真幸監訳、東洋経済新報社、2016 年）

Oakeshott, M. (1975) *Hobbes on Civil Association*, Liberty Fund（マイケル・オークショット『リヴァイアサン序説』中金聡訳、法政大学出版局、2007 年）.

O'Neill, O. (2002) *Autonomy and Trust in Bioethics*, Cambridge University Press.

Oreskes, N. (2019) *Why Trust Science?*, Princeton University Press.

Parkman, F. (1878) *La Salle and the Discovery of the Great West. In Francis Parkman: France and England in North America:* volume I, Levin, D. (eds.), Library of America, 1983.

Parsons, T. (1937) *The Structure of Social Action: A Study in Social Theory with Special Reference to a Group of Recent European Writers*, McGraw-Hill（タルコット・パーソンズ『社会的行為の構造』稲上毅・厚東洋輔・溝部明男訳、木鐸社、1974–1989 年）.

——— (1951) *The Social System*, The Free Press（タルコット・パーソンズ『社会体系論』佐藤勉訳、青木書店、1974 年）.

Pettit, P. (2002) *Rules, Reasons, and Norms*, Oxford University Press.

Rini, R. (2021) *The Ethics of Microaggression*, Routledge.

Rothstein, B. (2001) “Social Capital in the Social Democratic Welfare State,” *Politics & Society* 29: 207–241.

Rousseau, J. (1755) *Discours sur l'origine et les fondements de l'inégalité parmi les hommes,* Amsterdam（ジャン・ジャック・ルソー「人間不平等起源論」、『ルソー全集 第四巻』原好男訳、白水社、1978 年）.

Sartre, J-P. (1943) *L'être Et le Néant Essai d'Ontologie Phénoménologique*, Gallimard（ジャン＝ポール・サルトル『存在と無』松浪信三郎訳、筑摩書房、2007 年）.

——— (1952) *Saint Genet: comédien et martyre*, Gallimard（ジャン・ポール・サルトル『聖ジュネ』白井浩司訳、人文書院、1984 年）.

Scanlon, T. M. (2000) *What We Owe to Each Other*, Harvard University Press.

Schelling, T. C. (1960) *The Strategy of Conflict*, Harvard University Press（トーマス・シェリング『紛争の戦略——ゲーム理論のエッセンス』河野勝訳、勁草書房、2008 年）.

Setiya, K. (2016) *Practical Knowledge: Selected Essays*, Oxford University Press.

Simmel, G. (1908) *Soziologie: Untersuchungen über die Formen der Vergesellschaftung*, Duncker & Humblot, Berlin（ゲオルク・ジンメル『社会学 社会化の諸形式についての研究』居安正訳、白水社、1994 年）.

Simon, J. (2020) *The Routledge Handbook of Trust and Philosophy*, Routledge.

Simpson, T. W. (2012) “What is Trust?,” *Pacific Philosophical Quarterly* 93: 550–569.

Smith, A. (1759) *The Theory of the Moral Sentiments*, Raphael, D. D. and Macie, A. L. (eds.), Liberty Classics, 1982（アダム・スミス『道徳感情論』高哲男訳、講談社、2013 年）.

Smith, M. (1987) “The Humean Theory of Motivation,” *Mind* 96: 36–61.

Snare, F. (1991) *Morals, Motivation and Convention: Hume's Influential Doctrines*, Cambridge University Press.

Sugden, R. (2004) *The Economics of Rights, Co-operarion and Welfare*, Palgrave Macmillan（ロバート・サグデン『慣習と秩序の経済学——進化ゲーム理

論アプローチ』友野典男訳、日本評論社、2008 年).

Strawson, P. F. (1974) "Freedom and Resentment," in Strawson, P. F., *Freedom and Resentment, and other essays*, Routledge.

Todorov, A. (2008) "Evaluating faces on trustworthiness: an extension of systems for recognition of emotions signaling approach/avoidance behaviors," *Annals of the New York Academy of Sciences* 1124: 208–224.

Ullmann-Margalit, E. (2004) "Trust, Distrust, and In Between," in Hardin, R. (eds.), *Distrust*, Russell Sage Foundation: 60–84.

Velleman, D. (1989) *Practical Reflection*, Princeton University Press.

——— (2000) *The Possibility of Practical Reason*, Princeton University Press.

——— (2009) *How we get along*, Cambridge University Press.

——— (2015) *Foundations for Moral Relativism: Second Expanded Edition*, Open Book Publishers.

Wallace, J. (2006) *Normativity and the Will: Selected Essays on Moral Psychology and Practical Reason*, Oxford University Press.

Williams, B. (1988) "Formal Structures and Social Reality," in Gambetta, B. (eds.), *Trust: Making Breaking Cooperative Relations*, Blackwell.

——— (1995) *Making Sense of Humanity and Other Philosophical Papers 1982–1993*, Cambridge University Press.

秋谷直矩（2018）「エスノメソドロジーにおける信頼概念」、『信頼を考える――リヴァイアサンから人工知能まで』、53–73 頁。

石島健太郎（2018）「介助者を手足とみなすとはいかなることか―― 70 年代青い芝の会における「手足」の意味の逆転」、『障害者研究』第 13 号、169–194 頁。

稲岡大志（2018）「ホッブズにおける信頼と「ホッブズ問題」」、『信頼を考える――リヴァイアサンから人工知能まで』、3–23 頁。

大村敬一（2013）「感情のオントロギー――イヌイトの拡大家族集団にみる〈自然制度〉の進化史的基盤」、『制度――人類社会の進化』河合香吏（編）、京都大学学術出版会。

笠木雅史（2018）「機械・ロボットに対する信頼」、『信頼を考える――リヴァイアサンから人工知能まで』、225–252 頁。

熊谷晋一郎（2014）「自立は、依存先を増やすこと 希望は、絶望を分かち合うこと」、『TOKYO 人権』第 56 号、東京都人権啓発センター。

小山虎（編）（2018）『信頼を考える――リヴァイアサンから人工知能まで』、勁草書房。

酒井泰斗・高史明（2018）「行動科学とその余波――ニクラス・ルーマンの信頼論」、『信頼を考える――リヴァイアサンから人工知能まで』、81–109 頁。

盛山和夫（1995）『制度論の構図』、創文社。

曽我亨（2013）「制度が成立するとき」、『制度――人類社会の進化』河合香吏（編）、京都大学学術出版会、17–35 頁。

田中耕一郎（2013）「知的障害の社会モデルをめぐる理論的課題：問題提起」、『障害者研究』第 9 号、18–29 頁。

堤愛子（1998）「ピア・カウンセリングって何？」、『現代思想』第 26 号、92–99 頁。

寺井滋・森田康裕・山岸俊男（2003）「信頼と継続的関係における安心――リアルタイム依存度選択型囚人のジレンマゲームを用いた実験研究」、『社会心理学研究』第 18 巻、172–179 頁。

永守伸年（2016）「感情主義と理性主義」、『モラルサイコロジー――心と行動から探る倫理学』太田紘史（編）、春秋社、187–218 頁。

―――（2018a）「ヒュームとカントの信頼の思想」、『信頼を考える――リヴァイアサンから人工知能まで』、25–52 頁。

―――（2018b）「障害者福祉における信頼」、『信頼を考える――リヴァイアサンから人工知能まで』、259–279 頁。

―――（2019）「カントの倫理学とカント主義のメタ倫理学」、『メタ倫理学の最前線』蝶名林亮（編）、勁草書房、67–96 頁。

西山真司（2019）『信頼の政治理論』、名古屋大学出版会。

浜日出夫（1996）「ガーフィンケル信頼論再考」、『年報筑波社会学』第 7 号、55–74 頁。

深田耕一郎（2006）「自己決定と配慮の交わるところ——全身性障害者の自立生活における介助する／されることをめぐって」、『社会学研究年報』第13号、141–153頁。

真島理恵・山岸俊男・松田昌史（2004）「非固定的関係における信頼——シグナルとしての信頼行動」、『社会心理学研究』第19号、175–183頁。

松田昌史・山岸俊男（2001）「信頼と協力——依存度選択型囚人のジレンマを用いた実験研究」、『心理学研究』第72号、413–421頁。

水谷雅彦（2022）『共に在ること 会話と社交の倫理学』、岩波書店。

水野将樹（2003）「心理学研究における「信頼」概念についての展望」、『東京大学大学院教育学研究科紀要』第43号、185–195頁。

山岸俊男（1998）『信頼の構造——こころと社会の進化ゲーム』、東京大学出版会。

横塚晃一（1978）「健全者集団に対する見解」、『青い芝』第104号、3–4頁。

———（2007）『母よ！　殺すな』、生活書院。

著者紹介
永守 伸年（ながもり・のぶとし）
1984年生まれ。京都市立芸術大学美術学部専任講師を経て、現在、立命館大学文学部准教授。京都大学大学院文学研究科博士後期課程修了。博士（文学）。専門は近世ヨーロッパの哲学のほか、信頼研究、現代倫理学、障害学など。著書に『カント 未成熟な人間のための思想――想像力の哲学』（慶應義塾大学出版会、2019年）、共著に『モラルサイコロジー――心と行動から探る倫理学』（春秋社、2016年）、『信頼を考える――リヴァイアサンから人工知能まで』（勁草書房、2018年）、『メタ倫理学の最前線』（勁草書房、2019年）。

信頼と裏切りの哲学

2024年2月15日　初版第1刷発行

著　者――――永守伸年
発行者――――大野友寛
発行所――――慶應義塾大学出版会株式会社
〒108-8346　東京都港区三田2-19-30
TEL〔編集部〕03-3451-0931
〔営業部〕03-3451-3584〈ご注文〉
〔　〃　〕03-3451-6926
FAX〔営業部〕03-3451-3122
振替　00190-8-155497
https://www.keio-up.co.jp/
装　丁――――岡部正裕（voids）
組　版――――株式会社キャップス
印刷・製本――中央精版印刷株式会社
カバー印刷――株式会社太平印刷社

Printed in Japan ISBN978-4-7664-2945-9